Gerlinde Lill

BEGRIFFE VERSENKEN

Sinn und Unsinn
pädagogischer Gewohnheitswörter

DAS WORT

Das Wort, sprach Paul
Ist eine Nuss.
Eine, die ich knacken muss.
Und er hat das Wort geknackt.
Und das Wort hat Kern gesagt.

Peter Maiwald

Aus:
Die Mammutmaus sieht wie ein Mammut aus –
Gedichte für Kinder

Gerlinde Lill

BEGRIFFE VERSENKEN

Sinn und Unsinn
pädagogischer Gewohnheitswörter

WAMIKI

Bitte richten Sie Ihre Wünsche, Kritiken und Fragen an:
wamiki
Kreuzstr. 4
13187 Berlin
Telefon: + 49. 30 48 09 65 36
E-Mail: redaktion@wamiki.de

ISBN 978-3-945810-81-1

Lektorat: Erika Berthold
Gestaltung: Erik Neumann — studio luxabor
Zeichnungen: Tasche
Druck und Bindung: CPI Books GmbH, Leck
Printed in Germany

Weitere Informationen finden Sie unter www.wamiki.de

INHALT

VORWORT

Nun ist der große Sack also verschnürt und wird komplett versenkt. Dies ist der letzte Streich, der Ihnen die Ausbeute aus mehr als zwölf Jahren präsentiert, neu zusammengestellt und nach dem Alphabet geordnet. Nun finden Sie meine Texte in einer Reihenfolge, die der Zufälligkeit ihres Entstehens eine gewisse Systematik verleiht.

Tatsächlich hatte die Rubrik immer etwas leicht Chaotisches, Sprunghaftes, Assoziatives. Was sich gerade als besonders ärgerlich oder lächerlich auf die Kommandobrücke drängte, wurde versenkt. Plumps.

In welcher Situation die Idee des »Begriffe Versenkens« entstand, weiß ich nicht mehr. Doch einmal in die Welt gesetzt, wurde sie zum Selbstläufer. Hat man die Antennen ausgefahren, begegnen einem nämlich unentwegt die wunderlichsten Wörter. Und wenn man eine »Tasche« hat, die postwendend eine komische Szene assoziiert und zu Papier bringt, macht es viel Spaß, sich als Begriffeversenkerin zu betätigen.

Auslöser waren die unausrottbaren »Beschäftigungen«, mit denen Kinder an dem gehindert werden, was sie beschäftigt oder womit sie sich beschäftigen – egal, wie hingebungsvoll.

Das Wort ist symptomatisch für überkommene Vorstellungen vom Umgang mit kleinen Menschen (und alten übrigens auch). Ein grässliches Wort – zu bekämpfen, abzuschaffen, zu versenken. Das Wort und am liebsten auch gleich das Denken, das zu ihm passt.

Danach fand sich reichlich Nachschub, denn viele Begriffe, mit denen wir täglich hantieren, sind längst von neuen Erkenntnissen überholt und passen nicht mehr zu dem, was wir denken und tun. Warum benutzen wir sie dann noch? Also weg damit.

Manchmal sind es ärgerliche Begriffe, weil sie Stagnation im Denken ausdrücken und immer aufs Neue begünstigen. Beispiel: Schulfähigkeit. Manchmal sind sie nur noch komisch – Beispiel: Elternteile – oder bedeutungsvoll hölzern wie Räumlichkeiten. Andere, gewaschen und klar gespült, gewinnen neue Strahlkraft. Zum Beispiel: Beibringen. Aber alle eignen sich wunderbar, um nachzudenken: Was haben wir eigentlich begriffen, wenn wir es in diesen Begriff kleiden? Welchen Begriff machen wir uns von der Welt? Sind die Inhalte, die wir mit dem Begriff verbinden, für uns selbst und andere greifbar? Greifen – begreifen – Begriff. Das kann man auch umdrehen, damit spielen, sich spielerisch an einem Begriff vergreifen.

Ich kenne Teams, die sich der Reflexion ihrer Arbeit auf diesem Wege nähern. Recht haben sie. Begriffsklärung ist ein erster Schritt. Was meinen wir, wenn wir sagen...? Ohne eine solche Klärung ist die Gefahr, aneinander vorbeizureden, noch größer als sowieso schon. Sprache ist ein lebendiger Prozess. So sehr Wörter dazu dienen, uns zu verständigen, und daher einen gesellschaftlichen Konsens über ihre Bedeutung voraussetzen, so sehr sind sie auch persönlich gefärbt. Wir transportieren unsere Biografie in Wörtern. Das kann man auch in Jutta Limbachs Sammlung »Das schönste deutsche Wort« entdecken. Menschen allen Alters begründen ihre Vorschläge – sehr vergnüglich zu lesen.

Weil Sprache lebendig ist, wandelt sie sich. Wir haben es in der Hand, neue Begriffe zu finden, vorhandene zu waschen, sie mit Klarspüler zu behandeln oder sie endgültig zu versenken, wenn sie uns das Leben schwer machen und uns behindern. Dabei versenken wir erheblich mehr als Wörter. Wir müssen nur aufpassen, dass wir nicht gleich mit über Bord gehen. »Hab acht« wird nicht versenkt! »Begriffe versenken« hat sich mittlerweile zu einem geflügelten Wort gemausert. »Das ist doch schon lange versenkt...« wird manchen Äußerungen entgegengehalten. Oder jemand konstatiert: »Das müsste dringend mal versenkt werden!« Vorschläge erreichen mich immer noch. Obwohl der Sack ja schon zu ist.

Andererseits: Wer sagt denn, dass wir nicht einen neuen aufmachen?

Schön, was aus einer lockeren Idee werden kann. In diesem Fall ein lockerer Umgang mit ernsten Themen. Das ist aus meiner Sicht das Beste am Versenken. Ich will nicht immer nur ernst über Inhalte fachsimpeln, sondern auch mal simpel und fröhlich assoziieren, was wäre, wenn... Das entlüftet den Geist. In diesem Sinne: Viel Spaß beim Versenken oder Waschen, Einmotten oder Aufbrezeln...

Machen Sie was draus. Wörter sind für alle da. Widerspruch ist übrigens auch ein schönes Wort. Vielleicht ein Fall für »Begriffe verschenken«?

Gerlinde Lill

Hinweis: Im Text wird ausschließlich die weibliche Form benutzt, mitgemeint sind zugleich alle sozialen Geschlechter und Geschlechtsidentitäten.

ABHOLEN

Jemanden abholen – am Bahnhof, am Flughafen, aus dem Kino – das ergibt Sinn. An einem verabredeten Ort stehenbleiben, bis man abgeholt wird, ist ebenfalls vernünftig, sonst verpasst man einander eventuell.

Aber wie ist es bei: Wir holen die Kolleginnen dort ab, wo sie stehen? Was soll das eigentlich heißen? Und welche Botschaft steckt darin?

Mir kräuseln sich bei dieser Äußerung die Fußnägel. Ich stelle mir vor: Jemand ist schon weit vorn und hat den Durchblick. Die Kolleginnen dagegen dümpeln noch weit hinten. Dümpeln? Nein, sie stehen da wie angewurzelt. Aber jetzt komme ich und hole sie ab. Würde ich das nicht tun, stünden sie in hundert Jahren noch dort. Ich sorge dafür, dass sie sich bewegen, renne nicht mehr länger voraus, sondern gucke mich um und gehe gnädig zurück. Toll, was?

Jemanden abzuholen, wo er steht, ist nicht nur eine ziemlich anmaßende Beziehungsaussage. Dieser Satz zeigt auch, dass nicht klar ist, was Entwicklung bedeutet. Entwicklung steht nicht, sie geht, sie ist ein Prozess. Mehr noch. Entwicklung ist ein offener Prozess, mit offenen Wegen und offenem Ergebnis.

Wer behauptet, jemanden abzuholen und mitzunehmen, hat im Kopf, wohin es gehen soll. Es werden Ziele angepeilt und zuweilen auch benannt, die zu erreichen sind.

Abholen – dass ich nicht lache! Dahinter lauert schon: Und bist du nicht willig…

EIN PAAR VORAUSSETZUNGEN

Prozesse zu unterstützen ist edel, hilfreich und gut. Sie anzustoßen ist manchmal überfällig.

Vorausgesetzt, man bezieht mich als Reiseführerin ein: Ich befinde mich ebenfalls in einem Prozess, lasse mich auf Überraschungen ein, bin bereit, zu staunen und neu zu denken.

Vorausgesetzt, der Prozess bezieht ein, was bei jeder einzelnen Kollegin passiert, was sie bewegt. Das heißt erst einmal, zurückschauen: Wo kommen wir her?

Wo ist denn Susanne?
Drüben am Entwicklungs-ständer...

Welche Stationen haben wir in unseren (Berufs-)Leben durchlaufen? Was hat uns geprägt und beeinflusst? Was war früher, was ist heute wichtig – im eigenen Denksystem?

Jemanden abzuholen, positiv interpretiert, kann bedeuten: dafür zu sorgen, dass Rucksack oder Rollkoffer nicht verlorengehen, sondern im Blick bleiben. Das eine oder andere Lieblingsstück daraus kann sicherlich zum Einsatz kommen – vorausgesetzt, es gibt keine Kleiderordnung, die nur bestimmte Moden zulässt.

HANNEMANN, GEH DU VORAN, DU HAST DIE DICKSTEN STIEFEL AN

Was also? Versenken oder nicht? Ich bin für versenken. Was für die Kinder gilt – sie wahrnehmen, ihnen zuhören, ernst nehmen, was sie bewegt, sich darauf einlassen –, das gilt auch für uns Erwachsene. Nur wer sich gesehen und ernst genommen fühlt, wer merkt, dass gehört wird, was ihm wichtig ist, kann sich vergnügt und gelassen weiterentwickeln.

Manchmal muss er stehenbleiben, um Atem zu schöpfen. Und dann kommt jemand angetobt und will ihn abholen…

Lassen wir uns stattdessen lieber auf gemeinsame Prozesse ein, in denen mal Hannemann, man jemand anders vorangeht. Hauptsache, es geht voran.

AKTIVITÄTEN

Wenn Pädagogen aktiv werden, dann nennen sie das gern »Aktivitäten«. Das ist politisch korrekter als »Beschäftigung« (versenkt) und weniger missverständlich als »Angebote«, die scharf gewaschen werden müssen, wie zu lesen war. Doch leider findet auch der Begriff »Aktivitäten« keine Gnade.

Wieso werden Aktivitäten der Kinder nur dann als solche bezeichnet, wenn sie von den Erwachsenen ausgehen? Und: Was ist mit dem Gegensatzpaar Aktivität – Passivität? Was meinen wir landläufig mit dem einen und dem anderen Wort? Woran messen wir, was als Aktivität gewürdigt wird? Von Passivität mal ganz zu schweigen...

BEGRIFFSKONFUSION

Völlig konfus wird es, wenn im Tagesablauf von einem Wechsel zwischen Aktivitäten und Freispiel gesprochen wird. Mal abgesehen davon, dass »Freispiel« auch über Bord geht, fragt man sich doch unwillkürlich: Sind Kinder nicht aktiv, wenn sie spielen? Eben. Kinder sind sogar ausgesprochen aktiv, wenn sie dazu Gelegenheiten finden und nicht gehindert werden. Meist sogar deutlich aktiver, als wenn sie von uns Erwachsenen zu etwas Bestimmtem veranlasst werden.

Was aber bleibt als Begriff dann noch übrig, wenn es darum geht, diejenigen Zeiträume inhaltlich zu benennen, in denen die Pädagogen etwas gezielt und vorbereitet an Kinder herantragen? Das ist schließlich nach wie vor sinnvoll – vorausgesetzt, es wird nichts erzwungen.

AKTIVES BEGRIFFESUCHEN

Mein Vorschlag: Wir zählen auf, was den Kindern geboten wird, beschreiben die Beteiligten und ihre Rollen und suchen dann nach dem passenden Wort. Dabei geht es natürlich nicht nur um einen angemessenen Begriff, sondern vor allem um angemessenes Handeln. Ein paar Beispiele mögen verdeutlichen, was ich meine:

Erwachsene gestalten Räume und Material so, dass sie zu den Entwicklungsstadien, Lebensfragen und Interessen der Kinder passen und Neues bieten. Begriffe hierfür: Anregungen und Herausforderungen, Bildungsgelegenheiten, Bildungsumwelt Kita. Die jeweiligen Bezeichnungen für die Räume

Aktivitäten – Passivitäten

ergeben sich aus ihren Funktionen: Atelier, Bauraum, Bewegungsbereich, Bibliothek, Höhle, Besprechungsraum, Labor, Nähstube, Restaurant, Ruhezone, Schreibbüro, Schuppen, Straße der Sinne, Tüftlerecke, Wasserspielplatz, Werkstatt…

Die Kinder werden dazu befragt und in die Gestaltung des Kita-Alltags einbezogen, sie planen und räumen um, probieren aus und bewerten das Ergebnis. Begriff: Beteiligung.

Die Kinder finden vielfältige und unterschiedliche Möglichkeiten, sich zu betätigen und wählen, was ihnen entspricht. Begriff: Alternativen, Wahlmöglichkeiten.

Die Kinder folgen ihren Fragen und stellen Untersuchungen an. Sie tüfteln und gestalten nach eigenen Vorstellungen in Werkstätten und Laboren, drinnen und draußen. Erwachsene können daran teilhaben, müssen es aber nicht, sofern anregende Materialien zur Verfügung stehen. Begriffe: Forschungsarbeit, Experimente.

Ein bestimmtes Thema wird über einen längeren Zeitraum verfolgt und von verschiedenen Seiten beleuchtet. Begriff: Projektarbeit.

Kontinuierliche Zusammenarbeit an einem bestimmten Vorhaben. Begriff: Arbeitsgruppe.

Gemeinsame Unternehmungen in Stadt und Land. Begriffe: Erkundungen, Ausflüge…

Erwachsene bereiten etwas für die Kinder Interessantes vor: im Raum, durch Materialangebote, mit einem besonderen Einstieg, verschiedenen Handlungsmöglichkeiten… Begriff: Impulse.

Erwachsene lesen vor, besprechen Bücher und Bilder, führen Gespräche mit den Kindern, interviewen sie… Begriffe, je nach Vorliebe: Traumstunde, Fantasiereise, Reportage…

Außergewöhnliche Aktionen. Begriffe: Slogans, die witzig sind, neugierig machen, Aufforderungscharakter tragen.

Grundsätzlich ist jede Art von Anregungen und Impulsen Erwachsener willkommen – vorausgesetzt, sie werden den Kindern nicht übergestülpt und aufgezwungen, lassen Entscheidungsspielräume und ermöglichen den Kindern eigene Aktivitäten.

AM KIND ARBEITEN

Wenn Kolleginnen versuchen, Zeit für Planung, Dokumentation, Vorbereitung von Elterngesprächen oder Beobachtung freizuschaufeln oder sich gar während der Arbeitszeit mit der neuesten Fachzeitschrift befassen wollen, dann werden sie schon mal schief angesehen. Denn wichtiger als alles andere ist es, »am Kind zu arbeiten«.

Ich stelle mir das immer so ähnlich vor wie bei Pygmalion: Eine Erzieherin mit Hammer und Meißel, die an einem undefinierbaren Holzblock herumklopft. Oder eine andere, die mit bloßen Händen aus einem unförmigen Klumpen Ton etwas Menschenähnliches zu formen versucht. Ob es gelingt, ist von der Geschicklichkeit und Kompetenz der Person abhängig, die das Material bearbeitet, oder – noch schlimmer – der Personen, die gemeinschaftlich an dem Rohling herumfuhrwerken. Bei Gelingen ist immerhin nicht auszuschließen, dass dem Ergebnis liebevolle Gefühle entgegengebracht werden.

OBJEKTE...

Zugegeben, das ist eine sehr zugespitzte Interpretation. Aber ist sie so realitätsfern?

Was drückt sich aus in der Formulierung »am Kind arbeiten«? Welche Haltung zum Kind und welches Rollenverständnis? Auch wenn wir neuerdings alle davon reden, dass Bildung immer Selbstbildung ist und das Kind Akteur seiner Entwicklung – so ganz fern sind die alten Vorstellungen wohl nicht, dass wir die Kinder nach unserem Bilde formen.

»Am Kind arbeiten« – das kann als Synonym verstanden werden für »das Kind bearbeiten«.

Kinder sind nach wie vor Objekte von Bildungs- und Erziehungsversuchen. Lern- und Kompetenzziele werden von außen gesetzt. Das Gelingen der Entwicklung wird an Vorgaben gemessen, und besonderer Förderbedarf wird festgestellt, falls diese Vorgaben nicht erfüllt werden. Nicht das Kind in seiner Individualität, mit seinen besonderen Vorlieben und Gefühlen, seinen Wünschen und Potenzialen, unterwegs auf seinen eigenen Wegen und Umwegen erhält alle Aufmerksamkeit, sondern das genormte, für die Schule passende Kind.

Kindlicher Eigensinn und Kreativität stehen eher unter dem Gesichtspunkt der

Abweichung unter Beobachtung. Anerkennende Beachtung finden sie selten.

»Am Kind arbeiten« enthält noch eine weitere Assoziation: Nah dran sein am Kind, sich nicht entfernen, nicht aus der Distanz auf die Situation schauen. Immer schön alle an meinem Rockzipfel, denn sonst droht »die Aufsichtspflicht«. Entwicklungsbegleitung, die Gestaltung einer anregenden Bildungsumwelt mit selbstbestimmten Handlungsspielräumen – das ist nicht mitgedacht oder nicht ausreichend berücksichtigt. Dabei kommt es doch gerade darauf an.

Und noch ein Drittes steckt in der Formulierung »am Kind arbeiten«: Es handelt sich um Arbeit, was ja bisweilen bezweifelt wird. Aber nur wenn diese Arbeit sich direkt auf das Kind bezieht, scheint ihre Bezahlung – selbst in den Augen der Kolleginnen – gerechtfertigt zu sein. Sehr lustvoll hört sich das allerdings nicht an. Aber wieso auch. Schnaps ist Schnaps und Arbeit ist Arbeit. Oder?

... FLIEHEN GERN

Kinder sind in einer abhängigen Situation. Sie müssen die Bildhauerkünste von Eltern und Pädagogen über sich ergehen lassen. Manchmal versuchen sie, zu entkommen. Manchmal haben sie Glück und mit Erwachsenen zu tun, die ihnen aktive Entfaltung zugestehen, die wissen, dass Kinder sich aus eigener Initiative bilden, und sich darauf beschränken, ein anregendes und förderliches Umfeld zu schaffen. Erwachsene also, die nicht »an ihnen arbeiten«, sondern mit ihnen spielen, reden, lachen und sich ernsthaft auf sie einlassen, die einfach da sind und die loslassen. Erwachsene, die an sich selbst arbeiten, die reflektieren und sich an eigener Bewegung und Veränderung freuen.

Um einem anderen Verständnis von kindlicher Entwicklung und der Verantwortung Erwachsener für die Bildungsbedingungen auf die Sprünge zu helfen, sollten wir mit der Sprache beginnen und andere Worte finden für das, was wir mit und für Kinder tun.

»Arbeit am Kind« gehört ins Wasser, dort, wo es am tiefsten ist.

ANGEBOTE I

Was ist mit den Angeboten? Haben sie eine Daseinsberechtigung im pädagogischen Sprachgebrauch? Versenken oder kräftig waschen, ordentlich schleudern, frisch stärken und fein glatt bügeln? Es kommt wie immer darauf an, was gemeint ist.

LUST IST NICHT GEFRAGT

In der Kita alten Typs wird mit »Angebot« etwas bezeichnet, das Kinder nicht ablehnen können, denn die Erzieherinnen halten es für wichtig und haben es für sie vorbereitet.

Das pädagogische Angebot gilt dort noch als das, was den eigentlichen Bildungsbestandteil der Arbeit mit den Kindern ausmacht. Was in der Schule der Unterricht, ist in der Kita das Angebot.

Dahinter steckt die Vorstellung, Bildung sei die Aktivität der Erwachsenen. Wenn sie sagen, jetzt ist Bildung, dann ist Bildung. Der traditionelle Tagesablauf einer Kita sieht denn auch den Wechsel von Angebot und Freispiel vor, wobei die Angebote mit Vorliebe am Vormittag stattfinden.

Angebote sind in diesem Modell das Gegenteil von Freispiel. Sie haben weder mit Freiheit noch mit Spiel zu tun. Kinder werden gehalten, zu tun, was die Erzieherinnen vorgeben – egal, ob sie Lust dazu haben oder nicht.

Lust ist nicht gefragt. Im Gegenteil. Lernziel ist nämlich auch, sich auf Dinge einzulassen, zu denen man keine Lust hat. Schließlich können die Kinder in der Schule ja auch nicht... Und: Früh krümmt sich, was ein Häkchen werden will.

NEIN SAGEN – ABER NUR MANCHMAL

Von diesem alten Kita-Typ haben sich nach meiner Wahrnehmung inzwischen immer mehr Erzieherinnen verabschiedet. Heute dürfen Kinder auch Nein sagen und sich einem Angebot entziehen. Allerdings nur für begrenzte Zeit. Denn wenn ein Kind geplante Angebote häufig ablehnt, wird befürchtet, dass es sich womöglich einseitig entwickelt oder dass irgendwelche Defizite entstehen. Schließlich wissen die Erwachsenen besser, was ein Kind braucht, um so zu werden, wie es werden soll. Oder? Und da Bildung traditionell im Sitzen stattfin-

Schaut mal, da haben Welche beim
Morgenbrei so rumgezappelt, dass
sie versteinert sind!!
Stonehenge

det, lösen bewegungsfreudige Kinder eher Besorgnis aus als Bastler und Tüftler.

Selbst wenn sich größere Gelassenheit im Umgang mit Eigeninitiative und Verweigerung von Kindern verbreitet – was noch immer tief sitzt, das ist die Vorstellung, Bildung manifestiere sich in den Vorgaben der Erwachsenen. Das heißt in der Kita: Angebote, mit denen etwas Bestimmtes bewirkt, hergestellt, geübt werden soll. Und »pädagogisch« ist ein Angebot, wenn vorher fest steht, was hinterher dabei herauskommen soll, beim Kind und als Produkt.

EIN BLICK INS WIRKLICHE LEBEN

Solch ein Angebotsverständnis muss wohl gründlich gewaschen, geschleudert, ausgelüftet, mit neuen Inhalten gestärkt und frisch aufgebügelt werden, damit es zu der Erzieherin neuen Typs passt. Diese Erzieherin hat verstanden, dass Bildung immer die Aktivität der Kinder ist, dass erfolgreiche Bildungsprozesse lustvoll und sinnenfroh sind, dass sie mit Erfahrungen und Fragen der Kinder beginnen und über Ausprobieren, Begreifen, selber Wollen und Machen funktionieren. Diese Erzieherin hat sich an ihre eigene Kindheit erinnert und daran, was förderlich oder hinderlich war. Sie weiß, dass alles nutzlos bleibt, was nicht durch den eigenen Kopf geht und Gefühle berührt. Diese neue Erzieherin versteht sich als Begleiterin, Unterstützerin, Lieferantin, Anbieterin. Darum geht es nämlich: ein Angebot machen, etwas anliefern, darbieten, bieten…

Treten wir mal eben aus der Pädagogik heraus und ins wirkliche Leben, bekommt der Begriff »Angebot« sofort einen anderen Klang, suggeriert Vielfalt, Auswahl und die Möglichkeit, abzulehnen, was einem nicht gefällt. Angebot und Nachfrage, zwei Kategorien, die in der freien Marktwirtschaft das Leben regeln sollen.

Ist keine Nachfrage vorhanden, läuft das Angebot ins Leere und wird ein Ladenhüter. Vielleicht kann es verändert oder umgestaltet werden. Vielleicht hilft eine pfiffige Werbekampagne oder heftige Preisreduzierung. Auf jeden Fall geht die Firma pleite, wenn sie permanent an der Nachfrage vorbei produziert. Das Geheimnis erfolgreicher Angebote liegt jedenfalls darin, die Nachfrage zu erfassen und darauf entsprechend zu reagieren.

EIN HAUS VOLLER ANGEBOTE

Übertragen auf die Pädagogik heißt das: Genau hinschauen und hinhören, quasi Marktforschung betreiben und den Bedarf erheben, um das bieten zu können, was diesem Bedarf entspricht: in Raum und Material, in der Zeitstruktur und den Beteiligungsmöglichkeiten, in der Alltagsorganisation und auf der Beziehungsebene. Natürlich dürfen Angebote durchaus auch Innovationen bieten. Sind sie gut, bringen

sie Pfeffer in den Kita-Alltag und öffnen den Kindern neue Horizonte. Die Kompetenzen, Leidenschaften und Ideen der Erwachsenen enthalten eine Fülle unterschiedlicher Anregungen und können ansteckend wirken – vorausgesetzt, sie orientieren sich an dem, was für die Kinder von Bedeutung ist, was ihre Neugier weckt und ihre Bereitschaft, sich zu engagieren.

Ich stelle mir ein Haus vor, in dem die Kinder herumwandern und sich orientieren können, ein Haus mit sehr verschiedenen Bereichen, das Raum bietet für eigene Ideen und Gefühle, für Treffen mit Freunden und für Überraschungen, ein Haus, in dem Menschen mit Sachverstand und Geduld arbeiten, die sich nicht aufdrängen, aber aufmerksam sind und Wünsche wahrnehmen. Menschen, die etwas Interessantes tun und zum Mittun einladen. Kurz: ein Haus voller Angebote, die zum Leben in all seinen unterschiedlichen Facetten passen und es bereichern. Vor allem aber ein Haus mit echten Angeboten, die man eben auch ablehnen, zurückgeben oder umtauschen kann.

ANGEBOTE II

Fördern, fördern, fördern – möglichst mehrsprachig, ganztags und von Anfang an. Beobachten, messen, überprüfen, dokumentieren.... Mir scheint, der Sport-Slogan „Höher, schneller, weiter“ gilt inzwischen auch in Kitas. Doping haben wir schon: Ritalin, Antibiotika, Hustensäfte... Die Liste ist lang.

Manchmal wird mir allein vom Zugucken schwindelig, und ich wünsche mir, das Karussell anhalten zu können, auf dem Kinder und Erwachsene sitzen, damit sie zur Ruhe kommen.

Ich erinnere mich an Versuche mit dem Nichts. Angebote der anderen Art: Ich denke, sie sind aktueller denn je.

Wer hatte noch das Glück, als Kind auf eigene Faust unterwegs zu sein? Mit freier Zeit und ohne bewacht, bespielt oder gefördert zu werden? Die Mehrheit der heutigen Eltern und Pädagoginnen kennt das nicht mehr aus eigener Erfahrung und staunt, wenn unsereins davon erzählt: „Ja, ja, die gute alte Zeit.“

Ein Perspektivenwechsel im Rückgriff auf solche Erinnerungen wird schwieriger, wenn kaum noch welche vorhanden sind. Also muss ich woanders ansetzen, wenn ich das Karussell anhalten will. Beim Sinn und Nutzen des Nichts.

UNVERPLANTE ZEIT – EIN TRAUM?

Kinder werden heute mit Eindrücken, Informationen und Verlockungen zugeschüttet. Die neuen Medien bieten schier unendliche Möglichkeiten, Konsumversprechen und Shopping-Events locken.

Halt! Ich will nicht über Veränderungen jammern. Das bringt nichts und verstellt den Blick für das Wesentliche: Seit jeher geraten Kinder in eine Welt, die sie sich nicht ausgesucht haben, und diese Welt ist nicht nur erfreulich. Sie müssen sehen, wie sie in den Verhältnissen und mit den Menschen, von denen sie abhängig sind, zurechtkommen. Wunderbarerweise sind Kinder mit allen Kompetenzen ausgestattet, die sie dafür brauchen. Sie passen sich an, entwickeln die lebenswichtigen Fähigkeiten, nutzen, was sich bietet, und finden Wege, mit den Herausforderungen fertig zu werden. Manchmal passen sie sich nicht an – und gerade das ist vielleicht die angemessene Form, auf Zumu-

Kita-Angebote im Märchenviertel.

tungen ihres Lebens zu reagieren. Auf jeden Fall ist es ihre Form.

Erlebe ich, wie Jugendliche kommunizieren, bin ich beeindruckt: Die Geschwindigkeit, in der sie reden, entspricht der Geschwindigkeit der Fingerbewegungen auf dem Handy. Beides kann ich nicht. Zum Glück muss ich auch nicht dauernd telefonieren. Das lernte ich übrigens, als es noch das schwere, schwarze Telefon mit Wählscheibe gab. Unseres hatte eine lange Schnur, die sich ständig verdrehte…

Das Telefon ist leichter geworden, die Lebensumstände haben sich verändert – wie könnte es anders sein. Freilaufende Kinder kommen im öffentlichen Raum kaum noch vor. Kindheit heute ist institutionalisiert und wird von Erwachsenen organisiert. Auch das können Kinder sich nicht aussuchen. Aber wenn es schon so ist, könnte wenigstens der Ort, der ausdrücklich für sie geschaffen ist, nämlich die Kita, so viel Wohlbefinden und ungestörte Lebensfreude bieten, wie möglich. Das setzt voraus, dass die Verantwortlichen darin ihre Hauptaufgabe sehen, weil sie wissen, dass Bildung ein individueller Prozess ist, der umso erfolgreicher verläuft, je mehr die eigenen Interessen anerkannt und unterstützt werden. Wenn sie dafür sorgen, dass sich jedes Kind entlang des eigenen „Bildungsplanes“ entfalten und in Ruhe entwickeln kann, ist viel gewonnen.

In Ruhe – das ist das Stichwort. Mein Eindruck ist: Ruhe, um sich im eigenen Tempo entwickeln zu können, wird den Kindern immer seltener gegönnt. Ich frage mich: Wie passt das, was Pädagoginnen sich als Förderung ausdenken, zu den Lebensäußerungen und Wünschen der Kinder? Spielen sie überhaupt eine Rolle?

Wir wissen: Kinder kommen mit einem Bündel von Kompetenzen auf die Welt und sind ständig dabei, sie anzuwenden und auszubauen. Statt ihnen dafür Zeit und Gelegenheit zu verschaffen, ist die Lebenszeit der Kinder in der Kita so verplant wie ihr räumliches Umfeld, gern „vorbereitete Umgebung“ genannt. Kindern bleibt wenig Raum, der nicht schon von Erwachsenen vorgedacht wurde. Zeit zum Nichtstun und Vertrödeln – und damit Zeit zum Verarbeiten – ebenso wenig. Den guten pädagogischen Absichten können die Kinder nicht entkommen. Oder doch?

DER NICHTS- UND OHNE-RAUM

Vor Jahren erfanden Kinder einer Berliner Kita den „Nichts- und Ohne-Raum“, einen Raum, der leer und daher für alle Nutzungsideen offen war. Auf diese Idee kamen die älteren Kinder, als sie aufgefordert worden waren, ihr Haus nach eigenen Vorstellungen einzurichten – mit den Möbeln und dem Material, das vorhanden war. Kurze Verblüffung, dann legten sie los, schleppten Sachen hin und her, folgten gewohnten Mustern oder verwarfen sie. Schließlich war in einem der Räume nichts mehr, er war frei von jeglicher Zuschreibung.

Von uns Erwachsenen wäre niemand darauf gekommen. Wir staunten und ließen dem „Nichts" der Kinder seinen Raum. Eine pädagogische Großtat, geboren aus dem Moment.

Die Kinder liebten den Raum. Manchmal holten sie sich Decken und Kissen, um in Ruhe zu palavern, manchmal tobten und tanzten sie, mit und ohne Musik. Manchmal lag nur ein Kind dort, träumte und genoss es: Endlich allein, die Gedanken können wandern. Manchmal wurden Erwachsene in den Raum eingeladen, dessen Tür übrigens immer geschlossen war.

Kürzlich begegnete mir wieder ein leerer Raum in einer Kita. Die Maler waren nicht wie geplant erschienen. Was die Erwachsenen ärgerte, vergnügte die Kinder. Wieder füllten sie den Raum mit ihren Ideen. Natürlich wollten sie die Tür hinter sich schließen, was jedoch mit den heute viel stärker ausgeprägten Bewachungstendenzen der Erwachsenen kollidierte. Dennoch: Die Erzieherinnen merkten, wie kreativ die Kinder die Leere des Raums nutzten und dass diejenigen, die sonst eher unstet herumwimmelten, sich dort wohl fühlten. Ich kann nur hoffen, dass der Raum nach der Renovierung noch eine Weile leer bleibt, dass die Erwachsenen ihn nicht sofort mit Möbeln und ihren Absichten füllen.

Erinnern Sie sich, wie es ist, wenn man eine neue Wohnung bezieht und in den noch unmöblierten Räumen steht? Man kann neu denken. Alles ist möglich. Der Fantasie sind kaum Grenzen gesetzt. Ein aufregendes Gefühl, oder? Allein die Geräusche: Es hallt, der Eindruck von Weite entsteht.

Wie oft gönnen wir uns und den Kindern dieses Gefühl von Weite und Leere? In der Kita wird jede Ecke ausgenutzt, selbst an der Wand gibt es wenig freien Platz. Im schlimmsten Fall sind sogar die Fenster zugekleistert. Weniger ist mehr? Schön wär's.

ZWISCHENRÄUME – FLUCHTPUNKTE DER FANTASIE

Kinder lieben Räume zwischen den Räumen: Flure und Treppenhäuser, Garderoben, Waschräume und Keller. Vielleicht, weil sie dort die Chance haben, eigenen Ideen zu folgen? Weil nicht schon alles pädagogisch vorgedacht wurde?

Niemand betrachtet die Garderobe als Bildungsraum. Obwohl sie das natürlich ebenso ist wie alle anderen Lebensräume. Sich die Jacke anzuziehen und Schleifen zu binden, das gehört zum Großwerden wie auf den Stuhl zu klettern und die Treppe zu erklimmen.

Apropos Treppe: Das ist ein besonderer Bildungsort. Nicht nur, wenn auf jeder Treppenstufe eine Zahl klebt, weil der Zahlenraum von 1 bis 20 dran ist. Eine Treppe verspricht Herausforderungen und Abenteuer, weil die Welt von oben anders aussieht.

Waschräume werden heute zum Glück in vielen Häusern als das genutzt, was sie sind: Lieblingsspielplätze, naturwissenschaftliche Erfahrungsräume und Orte der Sinnesfreude. Flure werden nicht zugestellt, damit niemand rennt, sondern als Rennstrecken freigegeben. Allmählich verbreitet sich das Umdenken – angeregt durch Bücher und Filme, zum Beispiel von Angelika von der Beek und Christel van Dieken. Den Blick auf die Reize ungestalteter Zwischenräume eröffnete kürzlich meine Kollegin Christa Möllers in einem Beitrag für TPS.

UNVERPLANTE ZEIT

Wir alle erinnern uns daran, wie es war, wenn die Schulferien begannen. Sechs Wochen lang Freiheit. Ausschlafen, tun, wozu man Lust hat... Halt! Wieder ist die Erinnerung eine Frage des Alters, des Ortes und der Umstände.

Als ich ein Schulkind war, in den 1950er Jahren, dachte niemand ans Verreisen. Ich vermisste es nicht, denn nichts war schöner als „das große Nichts“: Kein Stundenplan, keine Hausaufgaben, kein Druck. Einfach raus und los. Zwar musste ich zu einer bestimmten Zeit zu Hause sein, aber das war's.

Kindertagesstätten gab es wohl, doch ich wusste nichts davon. Und in der Familie? Ich hatte kleine Pflichten, half beim Kochen und Backen. Doch verplant war mein Tag nicht.

Erleben Kinder heute dieses wunderbare Gefühl, frei über ihre Zeit verfügen zu können? Von klein auf sind sie in der Kita. Ihr Tag beginnt meist mit dem obligatorischen Morgenkreis. Zu spät kommen ist nicht gestattet.

Dann geht es los. Ein Angebot jagt das nächste. Nein sagen? Das wird nicht gern gehört. Dahinter steht die Vorstellung, dass Bildung etwas ist, was Pädagogen „machen“.

Die Erkenntnis, dass Bildung der Prozess jedes einzelnen Menschen ist, hat sich – obwohl keineswegs neu und von uns allen erfahren – weder unter Pädagogen noch allgemein herumgesprochen. Unverdrossen dominiert ein Bildungsverständnis, das in Bildungszeiten umgesetzt wird. Wochenpläne und manchmal gar Stundenpläne folgen schulischen Mustern und bestärken dadurch die Ängste von Eltern: Wenn mein Kind nicht an dem und jenem Angebot teilnimmt, wird es nicht gebildet. Die „Bildungsbereiche“ der Bildungsprogramme und -pläne werden, obwohl anders gemeint, in der Praxis wie Schulfächer behandelt.

Viele Schulkinder sind in den Ferien Hortkinder, also voll verplant. Doch es geht auch anders. „Die Kita ist ein Wunschkonzert“ – unter diesem Motto erprobten mehrere Horte in Sachsen, was passiert, wenn die Ferienzeit den Kindern zurückgegeben wird, wenn sie selbst entscheiden können, was sie mit dieser Zeit anfangen. Die Erfahrungen zeigten, dass die Kinder es genossen, sich selbst zu organisieren und zu tun, wonach ihnen der Sinn steht. Sie planten Unternehmungen – oder eben nicht. Sie erlebten jede Menge, schrieben Tagebücher und klebten Fotos ein. Diese Bücher erzählen von der Freude und Begeisterung der Kinder, die auf Eltern und Horterzieherinnen übersprang. Und alle sagten im Nachhinein: „Es war so entspannt."

ANGEBOTE DER ANDEREN ART

Tatsächlich, es entspannt, sich selbst und die Kinder von Zeitdruck zu befreien. Doch wer traut sich, Kindern das Angebot von Weniger oder Nichts zu machen?

„Wir würden ja, aber die Eltern! Die wollen doch..." Klar, niemand erwartet etwas, das er nicht kennt. Deshalb bleibt es bei den alten Mustern: Wochenpläne kündigen an, was welche Erzieherinnen wann machen, es wird dokumentiert, woran die Kinder teilgenommen haben. Fachräume verstärken das Denken in schulischen Kategorien. „Vorschule", die es offiziell gar nicht mehr gibt, wird unverdrossen zelebriert.

Selten wagen es Erzieherinnen, Angebote der anderen Art zu präsentieren und zu begründen.

Täten sie es, kämen der leere Raum oder die unverplante Zeit vielleicht in Mode. Als wertvolle Angebote für Nutzungs- und Gestaltungsideen der Kinder, als Kreativitätsanreize. Und plötzlich würde es Zeit geben. Zeit zum Vergeuden und Verschenken, zum Innehalten und Nachdenken, zum Träumen und Abtauchen, Zeit für spontane Gespräche und verrückte Unternehmungen. Also Bildungszeit.

Das größte Hindernis für ein solches Szenarium ist wohl, dass Pädagoginnen unter Angebot das verstehen, was sie gelernt und jahrelang geübt haben: Sie sind die Hauptpersonen im Bildungsprozess. Sie geben vor, was im Entwicklungsplan dran ist, sie benennen die Lernziele und bereiten ihre Angebote so auf, dass die Kinder darauf eingehen. Dafür werden sie bezahlt. Nach wie vor wird das in vielen Fachschulen gepredigt und von Praktikantinnen verlangt. Wer ausschert, bekommt eine Fünf.

Das „Nichts" in Raum und Zeit zu einem Angebot zu erklären ist schwierig. Nur wenige Kolleginnen und Teams wagen es und verkaufen es den Eltern vorsichtshalber unter der Überschrift: „Wir wollen uns eine Woche lang ganz auf die Beobachtung der Kinder konzentrieren." Das akzeptieren die Eltern.

Solche Vorsichtsmaßnahmen sind verständlich. Wenn alle Welt auf Förderprogramme setzt, kann man sich dem nur schwer entziehen. Es braucht Klarheit, Sicherheit und viel Mut, um „Angebote der anderen Art" selbstbewusst zu vertreten. Doch all das wächst mit guten Erfahrungen. Nicht allein die Kinder melden durch ihr Tun und ihre Lebensfreude zurück, was es für sie bedeutet, wenn sie über ihre Zeit und ihren Ort verfügen können. Auch viele Eltern erkennen die Chancen, die darin liegen, denn sie entdecken, welche ungeahnten Fähigkeiten in ihren Kindern stecken.

WEITERE „NICHTSE"

Schon lange sind Experimente mit der „spielzeugfreien Zeit" bekannt. Darum verzichte ich darauf, sie hier zu beschreiben. Nur so viel: Sie hatten ähnliche Anliegen und Effekte. Es ging darum, Kinder nicht mit vorgefertigtem Zeug und vorgedachten Ideen zuzuschütten, sondern ihnen Raum für eigene Kreationen mit ungewöhnlichen Materialien zu lassen.

Ein Experiment, von dem ich kürzlich erfuhr, verbannte nicht nur das typische Spielzeug eine Zeitlang aus der Kita, sondern alle Materialien und Werkzeuge. Übrig blieben die Einbauten.

Weder Kinder noch Eltern wurden dazu befragt. Letztere wären kaum einverstanden gewesen, wie sich im Nachhinein bestätigte. Die Kinder reagierten, wie Kinder meist reagieren, wenn Erwachsene etwas entscheiden: Sie nehmen es hin – und gehen damit konstruktiv um. So auch hier. Die Frage eines Kindes „Und womit spielen wir dann?" beantwortete ein anderes Kind ganz selbstverständlich: „Mit uns." Gesagt, getan. Nie zuvor hatten die Kinder derart exzessiv Rollenspiele erfunden.

Das Experiment „Klappe halten" ist weniger bekannt. Mit einem Schweigegelübde hatte es nichts zu tun. Vielmehr ging es darum, das Augenmerk darauf zu richten, wie viel sinnloses Zeug man vor sich hin brabbelt, wenn der Tag lang ist... Auf Anweisungen wie „Aufräumen!", „Hände waschen!" oder „Zähne putzen!" verzichtete man. Ließ sich das ein paar Tage lang durchhalten? Ja, und es brachte jede Menge Selbsterkenntnis, obwohl es nicht leicht war. Die eingesparte Atemluft und Energie floss in andere Äußerungsformen, denn trotz „Klappe halten" war Kommunikation das A und O im Miteinander.

NICHTS – EIN MERKWÜRDIGES WORT

Die Auseinandersetzung mit dem Begriff „Nichts" ist eine vergnügliche Unternehmung mit Kindern und Erwachsenen. Können wir das Nichts beschreiben oder gar greifen? Nein, denn „nicht" und „Nichts" erzeugen keine Bilder in unserem Hirn. Die Wörter geben wenig her, allenfalls Vorstellungen vom Weltall und dem schwarzen Loch. Im täglichen Leben hat das Nichts keine Gestalt.

Auch in diesem Beitrag verstecken sich in Wahrheit keine „Nichtse", denn alle Ideen für Angebote der anderen Art sind ja nicht nichts, sondern zeigen, dass der Verzicht auf etwas Raum für etwas Anderes eröffnet.

ANSATZ

»Wir arbeiten nach dem offenen Ansatz.«
So? Was immer sich dahinter verbergen mag – bei mir löst der »Ansatz« Assoziationen aus, die wahrscheinlich eher nicht gemeint sind: Mein Großvater setzte jeden Herbst einen Rumtopf an. Vor allem Zwetschgen und Renekloden, aber auch Birnen und Beeren wanderten nach und nach hinein. Kräftig gezuckert und mit reichlich Rum übergossen.

Ab Weihnachten gab's geistreiche Früchte als Nachtisch, über Vanillepudding oder zu einer besonderen Sorte von Kuchen, im Wasserbad gekocht. (Falls jemand das Rezept weiß: Her damit!) Ein Ritual war die Warnung: »Jeder nur einen wönzigen Schlock.« Auch in einem anderen Zusammenhang erinnert mich »Ansatz« an meinen Großvater: Er war stolz darauf, dass sein Haaransatz im Laufe der Jahre kaum zurückwich. Während andere ältere Herren ihre drei verbliebenen Strähnen über der Stirn verteilten, erfreute er sich bis ins hohe Alter einer fülligen Haarpracht. Meine Mutter hingegen achtete zeitlebens darauf, dass ihre schöne »Spitze«, ein eher seltener Haaransatz, zur Geltung kam. Der wachsende Bauchansatz, den vor allem Männer im Wirtschaftswunderland vor sich hertrugen, machte auch meinem Großvater zu schaffen. Während meine Großmutter damit haderte, dass sie keinen üppigen Brustansatz zu bieten hatte. (Push up-BHs gab es damals noch nicht. Sie stopfte sich Taschentücher in den Ausschnitt.)

Daran muss ich denken, wenn mir, was oft geschieht, der offene oder – noch ominöser – der halboffene Ansatz präsentiert wird. Das ist doch komisch, oder etwa nicht? Was wird da angesetzt?

Ich stelle mir eine schöne alte Kruke vor, in der alle möglichen kleinen und großen Früchtchen, mit reichlich Schnaps übergossen, fein vor sich hin gären und ein verführerisches Aroma verströmen. Aber da gehört ein Deckel drauf. Also nix offen.

Falsch gedacht? Es wird nicht etwas angesetzt, sondern an etwas angesetzt.

Ah, ja.

Woran wird denn angesetzt? Am Offenen?

Da bin ich schon wieder mit meinem Latein am Ende. Was ist gemeint?

Ich kenne Operationen am offenen Herzen, aber sonst?

Der Frühling bringt Wüste,
der Sommer Ozon!
Der Herbst schmilzt die Pole,
im Winter blüht Mohn.
Jahreszeitenpädagogik
im Zeichen des Klimawandels!

ANSÄTZE IM PÄDAGOGENLAND

Schön sind auch die Ansätze, die sich im Pädagogenland tummeln: Der Situationsansatz konkurriert mit dem situativen Ansatz, der spielzeugfreie mit dem der Waldkindergärten, die nicht einmal mehr an einem festen Haus ansetzen.

Dann gibt es noch den kindzentrierten Ansatz oder den systemischen Ansatz, den anthropologischen, den konstruktivistischen, den integrativen oder den musisch-kreativen, den mehrsprachigen und natürlich den Bildungsansatz.

Letzterer verzeichnet seit PISA hohen Absatz. Absatz? Was hat Ansatz mit Absatz zu tun? Nichts? Oh, doch.

Wer sich gut verkaufen und seine Kitaplätze füllen will, bemüht sich um möglichst klingende Absätze – nein, Ansätze. Wichtig ist, dass alle Begriffe vorkommen, die heute hoch im Kurs stehen: Bildung, Lernen, Förderung.

Und auch ein bisschen Kind, Individualität, Respekt und Partnerschaft.

KOMMEN SIE REIN, KOMMEN SIE RAN – HIER WERDEN GENAUSO PHRASEN GEDROSCHEN WIE NEBENAN

Kürzlich bekam ich eine Phrasendreschmaschine geschenkt. Aus Pappe, doppelt geklebt, in deren Innerem sich drei Drehscheiben befinden. Jede ist mit modischen Worthülsen bestückt. Dreht man sie gegeneinander, kommen herrlich unsinnige Ungetüme zustande. Manche erscheinen einem sehr bekannt.

Obwohl sich ja kein Mensch so etwas merken kann. Zum Beispiel der qualifizierte Beziehungsansatz oder die integrative Willkommenskultur, die an der Mehrsprachigkeit in Treppenfluren ansetzt.

Lustig ist auch, verschiedene Kombinationen aneinanderzureihen: Die progressiv ansetzende Tendenz zur lernenden Organisation lässt auf künftig systematisch professionalisierte Kompetenzstrukturen schließen. Alles klar?

Natürlich ist nicht alles, was sich hinter diversen Ansätzen verbirgt, so hohl und phrasenhaft wie die Worthülsen. Aber warum werden ernst gemeinte Prinzipien (Ansatz = Grundsatz?) nicht in lebendiger Sprache ausgedrückt?

EINE ERMUTIGUNG

Sprache ist da, um sich zu verständigen. Dennoch steckt unsere Sprache (nicht nur in der Pädagogenwelt) voller Kuriositäten und nebulöser Floskeln, voller hölzerner Formulierungen und blutleerer Begriffe. Ansatz ist so ein Begriff.

Ich möchte ihn versenken, wenn's recht ist. Und ich möchte Sie ermutigen, zu beschreiben, was Sie meinen, wenn Sie an etwas ansetzen. An Grundannahmen? Überzeugungen? Daran, was Kinder uns zeigen?

Je nachdem, was Ihnen wichtig ist und woran Sie in Ihrem Handeln ansetzen – sagen Sie es so, dass innere Bilder entstehen, die verlocken. Oder versuchen Sie es wenigstens ansatzweise. Welches pädagogische Kernobst wandert denn in Ihren Konzepttopf?

Womit übergießen Sie es? Wie lange lassen Sie es ziehen? Und wann genießen Sie die Früchte?

BEIBRINGEN

Manchmal reicht es, wie man sieht, wenn Begriffe gründlich gewaschen, ordentlich durchgeschleudert, frisch gestärkt und gebügelt wieder in den Sprachkreislauf eingehen. Zwar verlieren sie auf diese Weise mitunter etwas von ihrer alten Farbe, vielleicht laufen sie auch ein bisschen ein und passen dann eher den Kindern als den Erwachsenen.

Pädagogen sollen Kindern etwas beibringen. Eltern erwarten das, Lehrerinnen sehen darin ihre Aufgabe, Erzieherinnen werden anerkannt, wenn sie eben dies tun – und Kinder?

Sie sind Objekte der Bemühungen. Je nachdem, ob sie das Beigebrachte auf Verlangen wieder ausspucken oder nicht, erleben sie sich als erfolgreich oder als Versager. Später spucken sie Vieles endgültig wieder aus und kommen nie mehr darauf zurück.

AUFMERKSAMKEIT ERZWINGEN?

Jemandem etwas beibringen bedeutet nach unseren kollektiven Erfahrungen und folglich in unserem Sprachverständnis: unterrichten, vermitteln, eintrichtern – notfalls mit Gewalt. Die Rollen und Gewichte sind klar verteilt. Einer weiß etwas, ist überlegen, hat (hoffentlich) fachliche Autorität und ist außerdem mit der Macht ausgestattet, die Aufmerksamkeit seiner Schüler zu erzwingen.

Halt – da werden erste Zweifel laut: Kann man Aufmerksamkeit erzwingen?

Man kann unter Androhung von Strafe Ruhe herstellen, aber Aufmerksamkeit? Zuhören? Konzentration? Das ist etwas Innerliches, etwas, das Interesse voraussetzt. Und Interesse entsteht nur dann, wenn das mir Dargebotene auf meine eigenen Fragen stößt, an meine Erfahrungen anknüpft, mit meinem (Er-)Leben etwas zu tun hat, für mein Leben nützlich ist, von mir in Zusammenhang gebracht werden kann mit Erkenntnissen, die ich schon habe.

Ist das nicht der Fall, rauscht das geballte Wissen an mir vorbei. Für die nächste Klassenarbeit muss ich dann leider zu Hause kräftig üben, wenn ich in der Schule innerlich abgeschaltet hatte, aber danach kann ich alles wieder vergessen.

Das Beibringen ist also nicht nur lästig und degradiert Schüler zu leeren Hüllen, sondern es bringt auch letztlich nichts.

Rein damit!

Nachhaltiges Lernen funktioniert anders, wie wir mittlerweile wissen. Und dazu passt das Wort »Beibringen« dann in anderer Weise.

BEIBOOT WERDEN

Wer Seehäfen besucht hat, erinnert sich vielleicht an die kleinen Beiboote, die den dicken Tankern – zu groß, um in den Hafen einlaufen zu können – die notwendige Verpflegung hinausbringen. Sie bringen Futter bei.

In diesem Sinn verstanden, erhält das Wort »Beibringen« auch in Sachen Bildung einen anderen Klang: Sehen wir das Kind mal als schlanken Dreimaster, unterwegs auf großer Fahrt, um die Welt zu erkunden und zu erobern, und uns als diejenigen, die »Futter beibringen«, damit der Segler aufbrechen kann zu neuen Ufern. So betrachtet, ist das Verhältnis zwischen Kindern und Erwachsenen, Schülern und Lehrern vom Kopf auf die Füße gestellt.

Bringen wir den Kindern also Hirnfutter bei – und zwar genau das, das sie jeweils benötigen, um ihren Weg fortzusetzen. Alles andere ist Ballast. Was sie brauchen, das finden wir am besten heraus, wenn wir nachfragen, hinschauen, hinhören und uns eine Liste machen. Eine Proviantliste sozusagen…

Riecht das Wort »Beibringen« nicht gleich ganz anders? Stimmt, nach Salzwasser, frischer Brise und Möwengeschrei.

BESCHÄFTIGUNG

Beschäftigungen, Beschäftigungsangebote, Spiel- und Beschäftigungsmaterial, Bastelbeschäftigungen oder gar Bildungsbeschäftigungen – der Begriff »Beschäftigung« geistert durch den Sprachgebrauch von Erzieherinnen. »Welche Beschäftigungen führst du heute durch?« Allein die Formulierung treibt mir den Schweiß auf die Stirn. Was bedeutet das: Beschäftigungen durchführen?

VOM UNSINN EINES TRADITIONELLEN BEGRIFFS

Müssen Kinder beschäftigt werden, damit sie nicht auf dumme Gedanken kommen, sich nicht langweilen? Bietet das Leben in der Kita nichts Interessantes?

Handelt es sich um Beschäftigungstherapie? Wer hat die nötig?

Werden Beschäftigungen durchgeführt, damit es nicht so aussieht, als würden Erzieherinnen den ganzen Tag herumsitzen und Kaffee trinken?

Brauchen wir Bastelbeschäftigungen, um »Produkte« vorweisen zu können, wenn jemand fragt: »Was habt ihr denn heute gemacht?« Bringen wir Kinder dazu, sich mit Dingen zu beschäftigen, die für ihr Leben wichtig sind? Oder fürchten wir, dass sie es nie lernen, wenn wir nicht mit ihnen »Schere halten« üben?

Sind Zeiten der angeleiteten Beschäftigung die eigentlich wichtigen pädagogischen Zeiten, in denen Kinder – im Gegensatz zu Spielzeiten – etwas Sinnvolles lernen? Für ihr Leben oder für die Schule?

Denken sich Erzieherinnen immer »irgend etwas« aus, womit sie die Kinder beschäftigen können? Woher nehmen sie ihre Ideen?

Welche Rolle spielen die Fragen und Interessen der Kinder bei der Entscheidung, was ihnen als Beschäftigung geboten wird? Wird ihnen überhaupt etwas geboten? Oder wird nur etwas von ihnen verlangt?

Die Selbstverständlichkeit, mit der dieser Begriff benutzt wird, wirft ein Licht darauf, wie Erzieherinnen ihre pädagogische Arbeit bislang häufig verstehen. Angesichts der aktuellen Debatte um den Bildungsort Kita ist es an der Zeit, mehr zu tun, als statt »Beschäftigung« nun »Bildungsbeschäftigung« zu sagen.

Mist! Frau Meier muß wieder beschäftigt werden!

ZWEI SEITEN – ZWEI WEGE

Bildung und Bildungsförderung können nicht früh genug beginnen – darin sind sich mittlerweile alle einig. Uneinigkeit besteht darüber, was mit Bildung im Vorfeld der klassischen Bildungsinstitution Schule bezeichnet werden soll. Da die Startpositionen in unserem auf Auswahl und Ausgrenzung gerichteten Bildungssystem nicht unwesentlich über den Schulerfolg und damit auch über spätere Berufs- und Lebenschancen entscheiden, sind Eltern verunsichert und fordern bessere Vorbereitung auf die Schule. Alle Augen richten sich auf die Frühförderung, und die Frontlinie verläuft zwischen zwei Positionen: Lernleistungen müssen gefordert werden, sagen die Einen, sonst wird weder gelernt noch etwas geleistet. Folglich brauchen wir mehr Leistungsanforderungen im Sinne vorgegebener Lernziele und Lernzielkontrollen, die frühere Einschulung und die Vorschulpflicht. Besonders Kinder mit Migrationshintergrund brauchen gezielte Sprachförderung, und für alle ist die Unterweisung in vernachlässigten Sekundärtugenden wie Disziplin, Ordnung und Respekt vor Autoritäten angesagt.

Die andere Seite besteht darauf, dass Kinder auf Entwicklung programmiert sind, Herausforderungen suchen, etwas leisten und erfolgreich sein wollen. Entscheidend ist, dass ihre Umwelt sie zu Fragen anregt, ihr Eigeninteresse und ihre Fähigkeiten aufgreift und stärkt. Neugier und Forscherdrang, die Eröffnung neuer Horizonte und das Vertrauen in die eigene Lernfähigkeit stehen gegen Zwang, Leistungsdruck und Aussonderung jeglicher Art. Gefordert wird differenzierte Arbeit im Sinne individueller Unterstützung.

Welcher der Positionen man auch zuneigt – beide sind von Beschäftigungspädagogik weit entfernt. Bei der klassischen Beschäftigung wird zwar Anpassung an Vorgaben verlangt, aber eine inhaltlich anspruchsvolle Leistung im Sinne der ersten Position wird selten erwartet. Falls Kinder Bedingungen vorfinden, um selbst tätig zu werden und ihren Forschungsinteressen zu folgen, kann eine vorgegebene Beschäftigung sie eigentlich nur davon abhalten. Wie immer man es dreht und wendet, »Beschäftigungen« sind als pädagogisches Tun und als pädagogischer Begriff nicht auf der Höhe der Zeit. So lange in Kitas von »Beschäftigung« die Rede ist, so lange wird die Basteltante das Bild der Erzieherin in der Öffentlichkeit prägen.

Verabschieden wir uns also davon, und starten wir eine anspruchsvolle Diskussion über das, was Bildung im vorschulischen Bereich bedeuten kann und soll. Dann finden wir sicher auch die passenden Worte.

BESPIELEN UND BESCHULEN

Kinder werden beschäftigt, bebastelt, beturnt und, wenn sie genug bespielt wurden, beschult. Damit ist das Verhältnis klar definiert: Sie sind Objekt der Ideen und Aktionen von ausgebildeten Animateuren – wie Urlauber, die sich in den kostbarsten Wochen des Jahres bespaßen lassen: All included.

Wie und womit auch immer, Kinder werden in den Bildungsinstitutionen jedenfalls bearbeitet und von professionellen Unterrichtern beglückt. Zwar können sie eigene Ideen im Rahmen der Vorgaben einbringen, aber das muss nicht sein. Im Grunde reicht es, wenn sie sich zurücklehnen und abwarten, was geboten wird. Mehr oder weniger zufriedene Zuschauer pädagogischer Verrenkungen. Eigeninitiative und Eigensinn werden nicht vorausgesetzt, geschweige denn gefördert. Das nennt man beschulen. Wie ich das finde? Bescheuert, behämmert und beknackt.

BEHÄMMERTE WÖRTER MIT BE-

Sollten wir Wörter, die mit »be« beginnen, komplett entsorgen? Bei aller Liebe zur Radikalität geht das vielleicht doch etwas zu weit. Trotzdem: Diese unscheinbare Vorsilbe leitet allzu oft ein schweres Missverständnis ein: Kinder und auch andere Menschen werden nicht als Akteure ihrer Lebensgestaltung und Bildungsprozesse gesehen, sondern als zu bearbeitende passive Rohlinge. Warum Kinder beturnen, wenn sie nur Gelegenheit brauchen, um ihren eingebauten Bewegungsdrang loszuwerden? Indem wir sie daran hindern, produzieren wir behinderte Kinder, die dann einer pädagogisch aufbereiteten Bewegungstherapie bedürfen. Warum Kinder bebasteln, wenn es genügend Material gibt, das sie nach Lust und Laune nutzen können? Warum müssen wir Kinder bespielen, wenn Spiel doch ihre elementare Lebensäußerung ist? Umgekehrt wird eher ein Schuh daraus: Wir könnten uns anstecken lassen von der Freude, Konzentration und Ernsthaftigkeit, mit denen Kinder in ihr Spiel eintauchen.

Und erst in der Schule! Was heißt das: »beschulen«? Kinder werden belehrt, klar, das wissen wir. Sie werden belesen und besprochen, beschriftet und berechnet, besungen, bewerkelt und in regelmäßigen Abständen beprüft, äh, geprüft und benotet.

BE-
SPIELPLATZ

Was gibt es noch mit »be« am Anfang? Kinder mit Weisheiten beballern, ob die in ihr Leben und zu ihren Interessen passen oder nicht. Sie bequatschen und bedrängen, bewerten und beurteilen, ohne sich für ihre eigene Sicht der Dinge und ihre Lebenserfahrungen zu interessieren. Ihre Impulse überhören, übersehen und damit ihre Prozesse behindern. Sie beobachten, ohne die eigene subjektive Brille wahrzunehmen.

Dann sitzen sie belämmert da, die Kinder, und fragen sich: Was soll das alles, was wollen die von mir? Sie wissen, dass sie nichts zu melden haben.

Kinder werden belohnt, wenn sie funktionieren, wie sie sollen, und bestraft, wenn sie den Leistungsanforderungen oder Verhaltensnormen nicht entsprechen.

»Fünf, setzen!« und ein Eintrag ins Klassenbuch. Das war die alte Version. Vergangen und vergessen? Leider nicht.

Wie schwer haben es Reformbestrebungen? Grundschule ändert sich – schon lange. Doch was kommt dann? Selektion, Sitzenbleiben, Schulverweis. Wer nicht ins Raster passt, fliegt noch immer raus. Für Kinder, die aus dem Rahmen fallen, haben wir Sonderschulen. Und wer durch seine Ausgangsbedingungen schon nicht auf Rosen gebettet ist, der wird noch zusätzlich benachteiligt – PISA hat es bewiesen.

BEGLÜCKENDE WÖRTER MIT BE-

Zu diesen finsteren Mustern gibt es bekanntlich eine Alternative, die in Kita und Grundschule zunehmend Eingang findet und hoffentlich bald auch in das allgemeine Verständnis von Bildung und sozialer Verantwortung. Aufgepasst, jetzt kommen die guten »be«Wörter: Kinder befragen, was für sie von Bedeutung ist. Sie in ihrer Besonderheit bemerken und beachten. Beziehungen aufbauen und pflegen. Begegnungen ermöglichen.

Kinder an allen für sie wichtigen Dingen des Lebens beteiligen. Ihnen Spielräume für selbstbestimmtes Handeln und eigene Entscheidungen beschaffen. Künstliche Begrenzungen beseitigen. Der Zusammenarbeit und wechselseitigen Unterstützung Raum bereiten. Eigenverantwortung und Selbsteinschätzung befördern. Kinder individuelle Lernwege beschreiten lassen, ihre Potenziale bemerken, ihre Bedürfnisse beachten und ihre Interessen bestärken. Da sieht man: Es gibt mindestens so viele beglückende »be«-Wörter wie bescheuerte.

Versenken wir die einen und fischen wir nach den anderen.

Und wohin mit betüdeln? Das kann ja ganz angenehm sein, aber manchmal ist es auch lästig. Trotzdem: Betüdeln ist ein schönes Wort.

BEZUGSKINDER

Wer in der deutschen Sprache, zumal in der Pädagogensprache, nicht zu Hause ist, wird irritiert sein. Bezugskinder?

Was für eine Spezies bezeichnet dieses seltsame Wort? Gibt es Bezugsquellen für Kinder? Bekommt man sie auf Bezugsschein? Es gibt Schonbezüge und bezugsfertige Wohnungen. Aber Bezugskinder? Vielleicht helfen verwandte Wörter auf die Sprünge: Bezugsperson, Bezugsgruppe, Bezugssystem, Bezugserzieherin.

Ah, ja! Es handelt sich also um Zuweisungen in einem bestimmten Milieu: der Kita. Kinder werden in Bezug zu erwachsenen Personen gesetzt, konkret zu Erzieherinnen. Sie werden gesetzt – ein passiver Vorgang. Ein Akt der Organisation, der Verwaltung, der Zuteilung.

Ich beziehe eine Zeitung im Abonnement – die Zeitung wird bezogen. Ich beziehe eine Wohnung – die Wohnung wird bezogen. Ich versuche gerade, inhaltliche und sprachliche Bezüge zwischen Begriffen herzustellen – die Begriffe werden aufeinander bezogen.

Sie tun das nicht von allein. Aber Bezüge zwischen Menschen?

Da handelt es sich doch wohl um Beziehungen. Beziehung ist ein aktiver Vorgang: Ich setze mich in Beziehung zu einem anderen Menschen, lasse mich ein, beziehe jemanden, der mir wichtig ist, in mein Leben ein. Alle Menschen tun das, in jedem Alter. Beziehung ist Zusammenwirken. Bezug und Beziehung bezeichnen etwas völlig Verschiedenes: Bettbezug und Bettbeziehung.

KRÜCKEN ODER BRÜCKEN

Nicht von ungefähr werden Eltern selten als Bezugspersonen bezeichnet.[1] Schließlich bekommen sie ihre Kinder nicht zugeteilt. Eltern kriegen Kinder – und Kinder Eltern. Beide entwickeln nicht nur einen Bezug zueinander, sondern eine enge emotionale Beziehung.

In der Kita ist die Ausgangslage anders. Hier wirkt ein Mittelding zwischen freiem Markt und staatlicher Zuweisung. Eltern erhalten zwar keinen Bezugsschein für ihr Kind, aber für einen Kitaplatz und wählen eine Einrichtung.

Kinder werden selten gefragt. Erzieherinnen nehmen, was kommt. Sie beziehen Kinder tatsächlich auf Bezugsschein. Gibt es

... wir werden
nicht mehr erzogen,
sondern bezogen !!

eine Warteliste, suchen sie aus, was in ihren Bezug passt. Neue Kinder werden verteilt, und zwar nach organisatorischen Erwägungen oder auch nach konzeptionellen. Jedenfalls gibt es dafür in der Regel ein Verfahren.

In der traditionellen Gruppenarbeit gibt es auch ein Verfahren: Aus Kindern werden Gruppenkinder. Erst mit der Flexibilisierung von Organisationsstrukturen verwandelt sich die Gruppe in eine Bezugsgruppe, und aus dem Gruppenkind wird das Bezugskind. Das geht so: Die vorsortierte Gruppe bleibt bestehen, denn das ist Erzieherinnen wichtig.

Gleichzeitig sollen die Kinder sich hin und wieder entfernen können und die Wahl haben. Also pendeln sie zwischen festen Bezugspunkten, Zeiten, Orten, beginnender Selbstbestimmung und Entscheidungsfreiheit.

Schwierig, schwierig. Aber nicht für Kinder. Sie nutzen alle Freiräume, die sie kriegen können. Nur für die Erwachsenen: Erzieherinnen ohne Gruppe fehlt der Bezug zu ihren Kindern, ihrer Gruppe, ihrem Gruppenraum. Und sie vermuten, den Kindern geht es ebenso.

Darum die Erfindung und der Name, der auch in den Varianten Stammgruppe, Kerngruppe und Heimatort vorkommt. Er widerspiegelt das Bemühen, ein soziales Netz zu spannen, das alle trägt oder auffängt. Die Bezugsgruppe ist eine Krücke – oder besser: Brücke, um bei der Gratwanderung zwischen Loslassen und Festhalten nicht abzustürzen.

FRITZCHENS BINDUNGEN UND BEZIEHUNGEN

Bezugskind wird Fritzchen mit dem Eintritt in die Kita. Er wird einer Erzieherin zugeteilt. Hat Fritzchen Glück, ist es eine Kita, die den Wechsel der Bezugserzieherin ermöglicht, falls er eine andere Bevorzugsperson vorzieht. Falls nicht, gibt es kein Entkommen. Die so genannte Eingewöhnungserzieherin ist dafür zuständig, den persönlichen Bezug zu Fritz und seinen Eltern herzustellen. Mehr noch: Es wird ein spezieller Bezug zwischen Fritz und Erzieherin angestrebt: eine Bindung.

Ein Ersatz für die Mutterbindung? So nüchtern das Wort Bezug klingt – der damit verbundene Anspruch an Bindung ist gewaltig. Dabei ist das eine so fragwürdig wie das andere.

Worauf es tatsächlich ankommt, das sind tragfähige wechselseitige Beziehungen.

Fritzchen bindet sich an seine Eltern, Geschwister und andere Familienangehörige, die ihm von Anfang an nahe sind. Selbst wenn er nicht nur gute Erfahrungen macht. Diese Bindung hält lebenslang – was bekanntlich auch nicht immer leicht ist.

Warum soll er sich an eine fremde, ihm plötzlich zugeteilte Person ebenfalls binden? Die familiären Bindungen bleiben doch erhalten! Sie brauchen keinen Ersatz. Deshalb: Lassen wir die Bindung dort, wo sie hingehört.

Die Kita kann anderes bieten: Vielfalt und Wahlmöglichkeiten – gerade auch in Beziehungen unterschiedlicher Intensität. Kinder und Erwachsene, die nicht miteinander verwandt sind, aber viel Zeit miteinander verbringen, begegnen einander. Wer mit wem in welche Beziehung tritt, das ist freiwillig, es kann nicht »organisiert« oder »gemacht« werden.

Eine tragfähige, vertrauensvolle, freundschaftliche oder gar liebevolle Beziehung ist nicht das automatische Resultat von Kontinuität. Im Gegenteil. Wer immer da ist, kann Fritzchen auch auf den Nerv gehen. Manchen Personen möchte er vielleicht nicht jeden Tag begegnen...

KINDER BRAUCHEN...

Dieser Satzanfang offenbart, dass Erwachsene denken, sie wüssten, was gut für Kinder ist. »Kinder brauchen die Kontinuität von Bezugspersonen«, wird im Brustton der Überzeugung behauptet. Also gehört Fritzchen zur Bezugsgruppe der »Schmetterlinge«, die sich jeden Morgen um 9.00 Uhr im Bezugsgruppenraum zum Bezugsgruppenmorgenkreis trifft. Dann erzählt er der Bezugserzieherin und den anderen Bezugsgruppenkindern von seinen Erlebnissen in der Bezugsfamilie. Äh, Familie.

Besonders fatal: Die Bezugserzieherin beobachtet und beurteilt Fritz und seine Entwicklung – eventuell über Jahre hinweg. Ihre Wahrnehmung wird festgeschrieben und verbreitet sich.

Oh, weh! Dieser »Bezug« kann gefährlich eng für den Fritz werden. Bezugskinder – eine Erfindung, die wenig mit dem zu tun hat, worauf es ankommt: einen Rahmen zu bieten, in dem sich Beziehungen entfalten – in freiwilliger Nähe oder Distanz, mit mehr oder weniger Vertiefung. Beziehungen vor allem auch zwischen Kindern – jenseits vorgegebener Bezugssysteme, in frei gewählten Spielgruppen, Interessengruppen, Arbeitsgruppen oder Freundschaften.

Bezugskinder? Ab in die Versenkung.

---

[1] Außer in Comics von Marie Marcks, die aus Zeiten der Pädagogisierung von Sprache stammen: »Ich habe meine Bezugsperson verloren!«

BILDUNGSFERN

Von bildungsfernen Schichten ist neuerdings oft die Rede, vorwiegend von denen, die sich als bildungsnah verstehen. Kinder aus »bildungsfernen« Familien werden als defizitär diagnostiziert und in Sonderveranstaltungen näher an Bildung heran geführt. Mir geht das mächtig gegen den Strich. Es würgt mich geradezu, wenn konstatiert wird, dass Kinder beim Sprachtest durchgefallen sind. Durchgefallen! Auch so ein Wort, dass dringend versenkt werden muss...

OPER STATT ELVIS

Seinerzeit zu meiner Zeit war von höheren Lehranstalten die Rede, in denen alte Sprachen und neuere Klassiker in die Köpfe der zukünftigen Eliten getrichtert wurden. »Bildungsferne« Schichten nannte man damals noch »Unterschichten«. Sie sollten weit entfernt und möglichst unten bleiben.

Zu meiner Zeit kam man auf eine Mittel- oder Oberschule. Oder man blieb in der Volksschule. Klare Trennung, von Anfang an erkennbar. Schon allein die Sprache sagte alles: Wer kein Hochdeutsch sprach, war weg vom Fenster. Wer sich mit Kopfrechnen und Rechtschreibung schwer tat, ebenfalls. Frühe Wettkämpfe stellten die Weichen – auch im Selbstverständnis.

Ich stamme aus einer bildungsbeflissenen Bremer Familie und weiß, wovon ich rede. Oper statt Elvis, Wein statt Bier, Museum statt »Ischa Freimaakt«, Gesangverein statt Gewerkschaft, Literatur statt Mickey Mouse. Bei uns wurde reines Hochdeutsch gesprochen und »Platt« nur aus Lokalpatriotismus gepflegt.

Schon damals habe ich mich gefragt, warum es »Hochdeutsch« und »Niederdeutsch« heißt. Das eine ist hoch und das andere nieder, oder? Was für Bauern und Werftarbeiter eben.

Erst später fiel mir auf, wie viel Überheblichkeit in all diesen Botschaften steckt. Kein Geld zu haben war nicht ehrenrührig. Da gab es die Neureichen, über die auch die Nase gerümpft wurde. Aber keine Bildung – dafür musste man sich schämen. So ähnlich ist es auch heute noch.

BILDUNGSFERN-SEHER

BILDUNG UND KULTUR

Wer stellt die Kriterien eigentlich auf? Sind es nicht wieder die »Gebildeten«, die definieren, was Bildung und wer nahe dran ist oder nicht? Als hoch gebildet gilt, wer einen höheren Schul- und noch besser einen Universitätsabschluss aufzuweisen hat, unabhängig davon, was sich dahinter verbirgt. Deshalb sind Eltern so hinterher, dass ihre Kinder »schul-« und möglichst »gymnasialfähig« werden.

Oder ist mit Bildung der Zugang zu den gesammelten Erfahrungen und Schätzen der Menschheit gemeint? Das wäre dann nicht gekoppelt an bestimmte Schulabschlüsse. Zeigte sich Bildung in der Teilhabe an Kultur, wäre aber zu fragen, welche Art von Kultur gemeint ist. Kultur ist schließlich mehr als Oper, Museum und die Werke der Edelfedern. Rock und Pop gehören genau so dazu wie Simpsons, Mickey Mouse und alle Dialekte. Jede Sprache ist Ausdruck von Kultur, ebenso wie die Gepflogenheiten, die Kinder und Jugendliche im Miteinander produzieren. Kurz: Kultur ist überall, ob sie nun von selbst ernannten Gebildeten als solche wahrgenommen oder ignoriert wird.

BEACHTUNG UND RESPEKT

Da fällt mir ein: Ist die Bezeichnung »bildungsfern« vielleicht ein Versuch, »Unterschicht« durch einen weniger verfänglichen Begriff zu ersetzen? Sollen Armut und deren Folgen für die Lebenschancen der Kinder verschleiert werden? Die Neigung, unschöne Realitäten durch Begriffskosmetik zu kaschieren, macht schließlich vor keinem gesellschaftlichen Bereich halt. Man denke nur an Altenheime, die in Seniorenresidenzen umgewandelt, oder an Putzfrauen, die zu Raumpflegerinnen geadelt werden.

Was mich auch fuchtig macht: Der Begriff »bildungsfern« unterschlägt einen wichtigen Aspekt gänzlich. Und zwar: Bildung als Prozess, als lebendiger und eigensinniger Prozess der Aneignung von Wissen und Fähigkeiten. In diesem Sinne nämlich ist Bildung jedem Menschen nahe, ist quasi »seins«, denn Bildung ist immer und überall.

Jedes Kind – egal, in welche Familie es hineingeboren wird – bringt seinen inneren Bildungsmotor mit. Seine Neugier und sein Nachahmungstrieb richten sich auf das, was in seiner Umgebung vorkommt. Wenn wir wollen, dass Kindern möglichst viele Bildungsschätze nahe sind, dann ist es das Einfachste, die Bildungsinstitutionen Kita und Schule mit all dem auszustatten, was wir für lohnend halten und unseren Kindern nicht vorenthalten wollen: Kunst an den Wänden und Vielsprachigkeit, Musik aller Art und lebendige Geschichte, Poesie und erlebte Demokratie. Aber auch: Gelegenheiten, um im Matsch zu wühlen, denn das bildet, und damit bildungsbeflissene Eltern so etwas zulassen, nennen wir es inzwischen »naturwissenschaftliche Experimente«.

Am wichtigsten aber sind Beachtung und Respekt vor jeder Kultur. Und die Pflege der kulturellen Wurzeln der Familien, denn jede Familie hat ihre eigenen Schätze, jede gibt ihren Kindern etwas Wertvolles mit. Wenn wir das nicht erkennen, dann sollten wir uns an die eigene Bildungs-Nase fassen, bevor wir sie rümpfen.

Was soll ich noch lange grollen… Fort mit dem Begriff »bildungsfern«! Ich versenke ihn im Meer der abwertenden Unworte. Einverstanden?

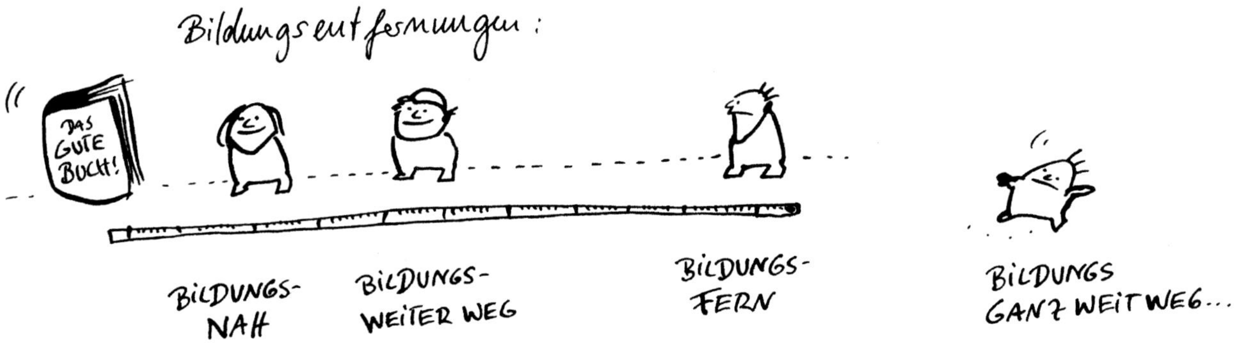

BILDUNGSINSEL

Reif für die Insel? Manchmal fühle ich mich so. Bloß weg hier, raus aus dem Wortgeprassel und den Sprechblasenwolken, weg von der pädagogischen Geschäftigkeit, von Anforderungsprofilen und Qualitätsstandards, Kompetenzzielen und Evaluationskriterien. Weg von der Verengung des Denkens und Beschränkung des Handelns.

Aber reif für die Bildungsinsel? Schön wär's, wenn man einen Abenteuerurlaub dorthin buchen könnte. Doch dafür steht der Begriff „Bildungsinsel“ nicht, sondern eher für eine Art Reisekrankheit: Förderitis kausalis. Wer Bildung auf Inseln verbannt, riskiert Übelkeit.

Um Missverständnissen vorzubeugen: Bildung verursacht mir keine Übelkeit. Im Gegenteil.

Im neuen Verständnis ist Bildung ein aktiver, eigen-sinniger Prozess. Ein Prozess derjenigen, die sich bilden – in jedem Alter, in allen Lebenslagen, aus eigenem Antrieb, beim Handeln, Wahrnehmen und Erleben wie bei der Verarbeitung von Erfahrungen. Pädagogen sind dabei nicht die Hauptpersonen.

+

Wenn Bildung ein Prozess ist, der immer und überall stattfindet – wie kann er dann auf Inseln verbannt werden? Dort Bildung – hier nicht? Und: Wie kann es in Bildungsinstitutionen, als die Kindergärten und Tageseinrichtungen gelten, spezielle Bildungsinseln geben? Was geschieht an den vielen anderen Orten?

Vielleicht ist „Bildungsinsel“ ein Synonym. Wenn ja, wofür? Geht es um Bildung in einem Meer des Unwissens oder gar des Unverstands? Sich eine Insel im Meer der Nicht-Bildung vorzustellen, das fällt schwer genug. Woraus aber besteht die Nicht-Bildung, wenn Bildung auf einer Insel stattfindet? Nur aus Betreuung, nur aus Erziehung, nur aus Freispiel? Ich höre das klapprige Gespenst „Beschäftigung“ schon hinter den Türen kichern und fürchte mich.

Man muss sich wirklich fürchten, wenn extra Bildungsinseln für mathematische Grunderfahrungen, naturwissenschaftliche Experimente oder als Sprachlabore eingerichtet werden. Darauf konzentrieren sich die meisten Bildungsinseln nämlich. Eltern

Flucht von der Bildungsinsel

fragen dann nicht mehr: „Was hast du denn heute gemacht?“ Sondern: „Auf welcher Bildungsinsel warst du heute?“ Und das alte Bildungsverständnis feiert fröhliche Auferstehung auf dem Eiland.

+

Bildung kann nicht gemacht, wohl aber begünstigt oder behindert werden. Womöglich stand dieser Gedanke Pate bei der Erfindung von Bildungsinseln: Nicht überall ist Bildung in gleicher Qualität und mit vergleichbar guten Voraussetzungen möglich. Da sie – allen Erkenntnissen zum Trotz – seit PISA vor allem auf Wissenserwerb ausgerichtet ist, kommt man auf die Idee, Bildungsinseln zu schaffen, Inseln, auf denen Bildung besonders gute Voraussetzungen findet. Denn – um endlich Klartext zu sprechen – die Intention von Bildungsinseln ist Wissenserwerb, und zwar in den Grenzen schulischer Fachgebiete.

Zweifel sind angebracht, denn Bildung als Prozess gedeiht bekanntlich nicht dort am besten, wo sie gedeihen soll: auf, an und durch Bildungsinseln.

+

Die Kita als Insel oder Inseln in der Kita?

Gut wäre, wenn sich die Kita als Insel für Kinder in einer kinderunfreundlichen Umgebung versteht und Entsprechendes bietet: einen Ort voller Abenteuer, an dem sich Kinder frei bewegen können und niemand befürchtet, dass sie abhauen, weil es anderswo viel interessanter ist. Ein Ort, an dem auch Erwachsene zugange sind, aber nicht als Aufseher oder Wissensvermittler, sondern als Mitspieler und Gesprächspartner, als Künstler, Abenteurer und Geschichtenerzähler, als Vertrauenspersonen, Tröster und Unterstützer.

Wenn es denn unbedingt Inseln sein müssen, dann bitte Ruheinseln mit Hängematten, Leseinseln mit Sofas und Kissenbergen, Krachmacherinseln mit Schlagzeug, Raufinseln zum Kräftemessen, Quatschinseln ohne Lauscher, Inseln, auf denen man ungestört und unbeobachtet ist...

Zu schön, um wahr zu sein? Wieso? Die Erkenntnisse aus Wissenschaft und Praxis zeigen: Sind Kinder Akteure ihrer Entwicklung, bilden sie sich in, an und mit ihrem Lebensumfeld. Dann sind solche Inseln das Beste, was ihnen passieren kann.

Atlantis ging unter, und Bildungs-Atlantis versenken wir jetzt. Ist sowieso nur eine Worthülse. Läuft voll Wasser und säuft leise gurgelnd ab.

BILDER VOM KIND

Wenn es um konzeptionelle Grundsatzfragen und die Einigung auf Leitgedanken geht, dann ist einer der wichtigsten Diskussionspunkte das »Bild vom Kind«. Damit nehmen wir natürlich nicht das einzelne Kind in den Blick, sondern unsere Grundorientierungen über die Stellung von Kindern in der Gesellschaft. Gemeint ist, welche Ziele wir verfolgen, welche Vorstellungen wir darüber haben, wie Kinder sich die Welt erschließen und wie sie in dieser Welt sein und werden sollen. Es geht um den Geist, die Philosophie, darum, was unser pädagogisches Handeln leitet. Erst wenn wir in diesen Grundfragen übereinstimmen, haben wir einen gemeinsamen Bezugspunkt für die Qualität unserer Arbeit. Was wir dabei zuweilen aus den Augen verlieren, das ist das gesellschaftliche Umfeld, und dazu gehören auch die begleitenden Erwachsenen mit ihren Beziehungen zur Welt.

Beim »Bild vom Kind« geht es in Wahrheit um ein Menschenbild. Oder besser noch: um ein Weltbild. Doch darüber sprechen wir nicht so oft. Wir setzen uns nicht mit uns selbst auseinander. Wir fragen uns nicht, ob wir dem hohen Anspruch gerecht werden, den die Kinder erfüllen sollen. Und wir überlegen nicht, was wir tun und verändern müssen, um eine Umwelt zu schaffen, die für Kinder (und uns alle) lebenswert ist. Stattdessen entwerfen wir ein »Bild vom Kind«, das alle Ideale vereint. Das ist leichter und betrifft uns persönlich nur vermittelt.

Die Kinder sind unsere Hoffnungsträger. Sie sollen es richten. Wir erziehen die Menschen der Zukunft. Dann wird schon alles gut.

Abgesehen davon: Auch wenn sich das »Bild vom Kind« im Laufe der letzten Jahrzehnte sehr gewandelt hat – eines ist doch gleich geblieben: Wir Erwachsenen entwerfen es.

Vielleicht ist es an der Zeit, nicht nur das Bild zu putzen, sondern auch den Rahmen. Denn schon in dem Begriff »Bild vom Kind« steckt als Kern: Wir Erwachsenen behalten die Deutungsmacht. Wir sind die Schöpfer, wir schaffen das Kind nach unserem Bilde. Wir hauchen ihm Leben ein. Und wir lieben es, wenn es so wird, wie wir es haben wollen.

Müssen wir nicht ganz neu darüber nachdenken? Ganz neu hinschauen?

Ich hätte lieber das Kind vom Bild als das Bild vom Kind...

WENN DU MICH LIEBST…

Gerd Schäfer schreibt zum Thema Beobachtung und Förderung: Es geht um das Entdecken des unbekannten Kindes, nicht um das Abfragen des bekannten Kindes, denn wenn wir Kinder fördern wollen, müssen wir etwas von ihnen erfahren, das wir nicht wissen.

Bei Max Frisch finde ich Gedanken über Vorurteile und Beziehungen, die mich nachdenklich machen: Wenn du mich liebst, mach dir kein Bild…

Das Bild vom Kind – versenken wir es oder waschen wir es gründlich, schrubben den Rahmen kräftig ab und hängen ein leeres Blatt hinein, auf dem erst nach und nach Konturen zu erkennen sind? Lassen wir uns überraschen von dem Bild, das im Laufe der Zeit entsteht, nehmen wir wahr, wie es sich verändert und immer neue Fassetten entfaltet?

Warum nicht? Was verlieren wir dabei?

Nähern wir uns mit Neugier und Offenheit jedem Kind, ohne Vorbehalte oder Vorurteile und mit möglichst wenig Erwartungen und Vorgaben. So geben wir Kindern die Chance, sich ihr eigenes Bild von sich und der Welt zu machen, ohne durch unser Bild bereits beschränkt zu werden. Und wir geben uns die Chance, Überraschungen zu erleben, die unser beschränktes Sichtfeld uns bisher eventuell verstellt hat.

… MACH DIR KEIN BILD

Aber wie nennen wir das, was wir bislang mit »Bild vom Kind« bezeichnet haben? Wie bezeichnen wir Grundorientierungen und konzeptionelle Leitgedanken?

Vielleicht so: unser Menschenbild, also die Vorstellungen davon, wie Menschen sind und sich verhalten; unsere Visionen von Gesellschaft und sozialem Zusammenleben; Einstellungen, Werte und Normen, die unserem beruflichen Handeln zugrunde liegen; unser Verständnis von gesellschaftlichen Veränderungsprozessen und ihren Auswirkungen auf Kinder und ihre Familien; unser Selbstverständnis als Begleiter und Wegbereiter kindlicher Entwicklungsprozesse; unsere Kenntnisse über die Entwicklungsprozesse von Kindern und ihre Eroberung der Welt, über Lernwege und förderliche Bildungsbedingungen; die Rolle, die wir Kindern zuweisen, ihre Stellung und die Rechte, die wir ihnen zugestehen; unser Anspruch an pädagogische Professionalität.

Wie bezeichnen wir unser Bildungs- und unser Aufgabenverständnis? Genau so.

Das »Bild vom Kind« brauchen wir nicht. Also doch versenken.

ELTERNARBEIT

Ich wäre wahrscheinlich gar nicht so empfindlich bei diesem Wort, wenn sich mit Elternarbeit nicht so oft eine überholte Form und eine verquere Haltung verbinden würden: Eltern als notwendiges Übel, das eher stört. Elternabende, auf denen ein paar Informationen und allerhand Instruktionen gegeben werden: Worauf ist zu achten? Welche Kleidungsstücke braucht das Kind? Wann findet was statt? Und was kostet das? Was wird erwartet? Gespräche mit Eltern, wenn ihr Kind etwas »angestellt« hat oder in irgendeiner Form aufgefallen ist. Elternbastelnachmittage vor Weihnachten, gut gemeint, aber nicht immer begeistert angenommen.

Elternarbeit – so erlebe ich es noch häufig – wird eher notgedrungen erledigt und bedeutet Frust: Elternabende sind spärlich besucht, Anerkennung gibt's kaum. Interesse an der Arbeit der Erzieherinnen? Fehlanzeige...

Wenn die Sprache auf Eltern kommt, dann zeigt sich immer wieder, dass es sich um ein schwieriges und emotional aufgeladenes Verhältnis handelt. Erzieherinnen schildern Eltern als fordernd und anspruchsvoll, zugleich aber als wenig offen für das, was in der Kita geschieht. Sie haben das Gefühl, dass sie sich die Beine ausreißen, aber keiner guckt. Erzieherinnen fühlen sich von Eltern schlecht behandelt und behandeln sie entsprechend schlecht. Sie möchten sie am liebsten »bearbeiten«...

WAS ELTERN ZU BIETEN HABEN

Die Erfahrung zeigt, dass sich dies in dem Maße verändert, in dem Erzieherinnen in einen Dialog mit Eltern treten und wechselseitige Erwartungen geklärt werden können. Dann werden nicht nur neue Formen der Zusammenarbeit, sondern auch neue Begriffe gesucht. Verschiedene Varianten der Kommunikation und Kooperation mit Eltern entstehen: Elterngesprächskreise, gemeinsame Qualitätszirkel, Themenelternabende, Elterncafé, Elternkurse, Elternmitarbeit, Einzelgespräche, Beobachtungsgespräche, Elternfragebögen, Elternbriefkästen, Elternbriefe...

Deutlich wird dann auch, dass Mütter und Väter mehr sind als bloß Eltern. Sie haben über dieses eine Merkmal hinaus

Wir sollen doch die Eltern stärker einbinden!!
??

noch anderes zu bieten. Ihre Erfahrungen und Kompetenzen können an vielen Stellen genutzt werden und bereichernd wirken. Andererseits haben sie Fragen und Probleme, die über den Tellerrand der Einrichtung hinaus weisen.

Es bieten sich also viele Möglichkeiten, voneinander zu profitieren und sich wechselseitig zu unterstützen. Und es ergeben sich Punkte, an denen gemeinsam Position bezogen werden kann. Zum Beispiel: Eltern sind potenzielle Bündnispartner im Kampf um die Verbesserung der Situation von Kindern und für die Veränderung der Bildungslandschaft.

All dies drücken die Begriffe Zusammenarbeit oder Kooperation mit Eltern besser aus.

WER IN DER VERANTWORTUNG STEHT

Der neueste Begriff ist Erziehungspartnerschaft. Er enthält die Botschaft: Wir wollen mit euch auf gleicher Augenhöhe verhandeln. Wir sehen euch als Experten für euer Kind. Und wir brauchen euch, um uns ein Bild von eurem Kind in seiner Gesamtheit machen zu können.

Erziehungspartnerschaft kann nicht postuliert werden. Sie ist ein Ziel und wie jede Partnerschaft das Resultat von guten Erfahrungen: des Respekts, der Aufmerksamkeit, der Freundlichkeit und des Interesses.

Natürlich sind Eltern nicht alle gleich. Entsprechend unterschiedlich müssen auch die Zugänge und Angebote sein. Eines aber ist immer richtig: Eltern ernst zu nehmen, ihnen zuzuhören und ihre Leistungen anzuerkennen. Eltern wollen in aller Regel, dass sich ihre Kinder wohl fühlen und entwickeln. Sie wollen das Beste für ihre Kinder. Was das ist, darüber mögen wir unterschiedlicher Meinung sein. Das ist in Ordnung und völlig normal.

Es ist unsere Aufgabe, für Positionen und Konzepte zu werben und überzeugende Argumente einzubringen, wenn wir von dem überzeugt sind, was wir tun. Wir sind die Professionellen.

All dies macht natürlich Arbeit. Und da wir uns mit dieser Arbeit an Eltern richten, könnte man – so gesehen – dann doch wieder von Elternarbeit reden. Wenn sich ein anderer Inhalt dahinter verbirgt und dies auch jedem klar ist: Bitteschön.

Insofern muss man diesen Begriff vielleicht nicht komplett versenken, sondern kann ihn waschen, tüchtig schleudern und dann, frisch gestärkt, wieder nutzen. Als Arbeit mit Eltern.

ELTERNTEILE

Eigentlich müsste man zusammenzucken, wenn man das Wort »Elternteile« hört. Ganz merkwürdige Assoziationen könnten sich einstellen: Darf's ein bisschen mehr sein? Im Stück oder in Scheiben? Brust oder Keule?

Sprachlich gesehen erscheinen Eltern oft als Teile, obwohl sie doch im Stück durch die Tür treten: Ein Vater holt sein Kind ab... Mit der Mutter führen wir ein Gespräch... Aber die Rede ist vom Gespräch mit einem Elternteil. Ich bin dann immer versucht, zu fragen: Mit welchem? Mit dem Arm? Dem Hinterteil? Der Nase? Eigentlich müsste es dann ja auch Elternteileabend heißen oder Zusammenarbeit mit Elternteilen. Elternteilepartnerschaft als Ziel wäre auch zum Piepen!

Von Eltern als »Teilen« zu sprechen, das ist doch wahrlich höchst eigenartig. Weshalb pflegen wir diese sprachliche Merkwürdigkeit nach wie vor? Was steckt dahinter? Warum ist dieser Begriff so verbreitet, obwohl es sich immer um eine vollständige Person handelt, mit der wir es zu tun haben? Welche Vorstellungen drücken sich darin aus, wenn selbst Mütter sich zuweilen als Elternteile bezeichnen?

HALBE PORTIONEN

Klar, Mutter oder Vater sind nur zusammen Eltern, können es biologisch nur zusammen werden. Doch allein die Biologie prägt schon lange nicht mehr unser Zusammenleben.

Is es nicht so, dass in unseren Köpfen nach wie vor ein Familienideal vorherrscht, an dem wir messen, was uns begegnet? Eltern ergeben nur zusammen ein Ganzes, die Familie ist nur dann eine schöne, runde Sache und unversehrt, wenn alle »Teile« zusammenleben. Dann wird von »intakten« Familien gesprochen – egal, ob sie das wirklich sind.

Mutter allein oder Vater allein gelten jedenfalls als unvollständig – egal, wie gut ihr Zusammenleben mit den Kindern, mit Partnern oder Partnerinnen und womöglich sogar mit den Großeltern funktioniert. Eltern sind als Einzelne eben nur halbe Portionen.

Was ist das für eine Botschaft? Was soll ein Kind davon halten? Eventuell lebt es nur mit Mutter oder Vater zusammen. Eventuell mit zwei Frauen oder zwei Männern. Möglicherweise kennt es gar nichts anderes,

Der Fuß von Herrn Willms hatte sich gerade gemeldet!

neulich auf dem Elternteile-Abend

als ohne Vater zu leben. Oder es hat gerade leidvoll eine Trennung erfahren. Vielleicht hat es auch mehrere Väter oder Mütter und findet das ganz wundervoll.

VIELE VARIANTEN

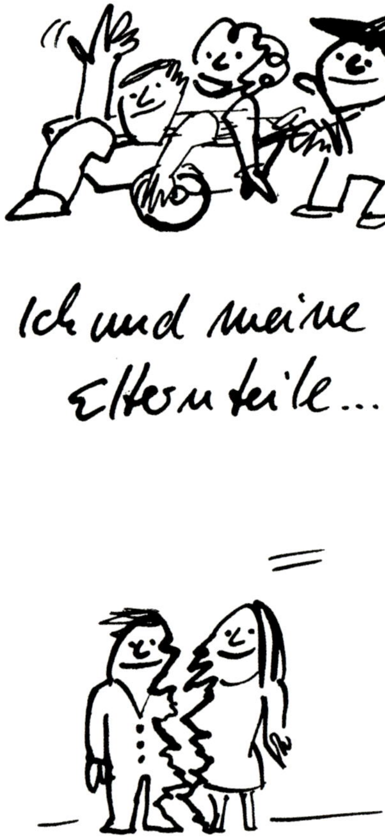

Es gibt heute so viele Varianten von Familienleben, dass wir versuchen sollten, dem auch sprachlich gerecht zu werden, indem wir möglichst genau benennen, mit wem wir es jeweils zu tun haben.

Gut, ich will es nicht übertreiben mit der Wortklauberei. Aber eine Überlegung ist es doch wert, welche versteckten Bilder wir sprachlich transportieren, oder? Wenn wir das nämlich nicht im wahrsten Sinne des Wortes ausdrücklich wollen, warum tun wir es dann?

Wie auch immer – die »Elternteile« hören sich einfach blödsinnig und wie tranchiert an.

Also weg damit, weit hinaus geschleudert ins Meer der Unworte.

FREISPIEL

Schauen wir uns den Tagesablauf in Kita und Grundschule an, dann finden wir einen Wechsel von gelenkten Zeiten und sogenanntem Freispiel. Die eine Zeit – von Erwachsenen vorgeplant – gilt gemeinhin als pädagogische Zeit. Die andere trägt den Charakter von Erholungspausen oder Übergangszeiten. Steckt dahinter nicht ein völlig verdrehter Begriff von Freiheit und Spiel? Freispiel – sozusagen ein weißer Schimmel?

Der Wortteil »frei« im Begriff »Freispiel« legt verschiedene Assoziationen nahe: Freiheit – freie Wahl – freie Zeit – frei von der Dominanz Erwachsener – Unabhängigkeit – unbeobachtet sein…

Bei »Spiel« fällt uns sofort ein: Lust – Vergnügen – Leichtigkeit – Ungezwungenheit – eigene Impulse – der Mensch ist nur Mensch, wenn er spielt – spielerisches Aneignen von Welt – Spiel ist Lebenstraining…

Unwillkürlich denke ich bei freiem Spiel an den Gegensatz zu unfreiem. Gibt es das? Natürlich. Es gibt ja sogar den Begriff des gelenkten Spiels. Aber ist gelenkt zugleich unfrei und unfroh?

Oh je, jetzt wird es philosophisch! Sowohl der Freiheitsbegriff als auch der Begriff des Spiels haben tiefere Dimensionen zu bieten. Zu tief für dieses Kapitel. Aber vielleicht nicht zu tief, um »Freispiel« zu versenken.

WAS HEISST »FREI«?

Gehen wir die Sache doch mal pragmatisch an. »Freispiel« bezeichnet diejenigen Zeiten, in denen Kinder wählen können, was sie spielen wollen. Wo sie dies tun, das ist zumeist schon wieder vorgegeben: entweder alle drinnen oder alle draußen, schlimmstenfalls alle in einem Raum… Die Wahl der Spielpartner ist durch begrenzte Räume und Gruppenschranken ebenfalls eingeschränkt. Und selbst dort, wo Spielorte und Spielpartner frei gewählt werden dürfen, gibt es oft starre Regeln: Nur fünf Kinder zugleich in diesem Raum.

Wie realitätsnah ist also der Begriff? Was meint »frei« heute?

Wenn ich an meine eigene Kindheit denke, in der wir vor und außerhalb der Schule unsere Spiele und Beziehungen wirklich frei von erwachsener Einmischung gestalten konnten, dann trifft der Begriff eher zu. Allerdings kannte ihn damals niemand.

Ihr dürft selbst entscheiden:
Nicht rennen, oder nicht hopsen,
oder nicht Ball spielen !!

Spiel war immer frei. Natürlich gab es Vorgaben: »Wenn die Lichter angehen, kommst du nach Hause.« Oder: »Ihr spielt nicht in den Ruinen.« Aber niemand wäre auf die Idee gekommen, uns vorzuschreiben, was, wie und mit wem wir spielen. Wer da war, war da. Die Regeln des Zusammenspiels bestimmten wir selbst und haben uns im wahrsten Sinne des Wortes zusammengerauft. Es gab »Chefchen« und Außenseiter. Was gespielt wurde und wer mitspielen durfte, das wurde immer wieder neu ausgehandelt. Zwar trugen wir manche Blessuren davon, aber das wunderbare Gefühl von Freiheit kann ich noch heute spüren.

Und unsere Kita-Kinder?

Die Freiheit der Wahl hat ihre Grenzen in der Welt, die wir den Kindern bieten. Ist diese Welt sehr stark begrenzt, sind es auch die Spiel- und Freiheitsräume – und das bedeutet: die Erfahrungs- und Handlungsmöglichkeiten.

Dramatischer als gegebene Begrenzungen erscheint mir aber der grundsätzliche Irrtum, selbstbestimmte und spielerisch genutzte Zeit für nicht so bedeutsam zu halten wie pädagogisch gelenkte Zeit. Denn Bildung findet immer statt und – von Pädagogen unbemerkt – mindestens so nachhaltig im freien Spiel wie im gemeinsamen und geplanten Tun.

FRAGEN OHNE ANTWORTEN

Was macht es uns Erwachsenen so schwer, die (Frei-) Räume der Kinder auszudehnen? Was hindert uns, ihren Impulsen »Futter« zu geben, ohne sie zu dominieren? Was befürchten wir, wenn Kinder tun, was für sie von Bedeutung ist? Warum fällt es uns so schwer, die spielerischen Lernprozesse der Kinder wahrzunehmen und nicht zu unterbrechen? Warum sehen wir nicht die Ernsthaftigkeit in ihrem Spiel? Warum erkennen wir nicht, welche Potenziale sich im Spiel entfalten?

Haben wir Angst vor der ungezügelten Lebensfreude der Kinder? Misstrauen wir dem wilden Spiel der Kräfte? Sind wir gar neidisch? Befürchten wir, die Kinder könnten das Leben für ein Wunschkonzert halten und später böse erwachen? Treibt uns die Sorge um, dass sich bestimmte Fähigkeiten – Schere oder Stift halten zum Beispiel – nicht entwickeln? Fürchten wir uns davor, mehr und mehr überflüssig zu werden? Oder können wir einfach nicht mehr nachvollziehen, was bei den Kindern passiert, weil wir aus dem Stadium heraus sind, in dem Realität und Fantasie verschmelzen? Bedeutet, erwachsen zu werden, beides zu trennen? Und halten wir es für einen pädagogisch wertvollen Beitrag zur Entwicklung von Kindern, die Zeit zu beschränken, in der sie die Realität nach eigenen Ideen fantastisch verwandeln?

Viele offene Fragen und keine Antworten. Aber das macht nichts. So viel können wir uns doch immerhin vornehmen: Wir sollten lockerer werden, gelassener und aufmerksamer. Versenken wir das Freispiel samt seinem Gegenüber und fischen wir stattdessen nach mehr Freiheit und Spiel für Kinder und für uns.

FREMDBETREUUNG

Fremdbetreuung – igitt. Das riecht nach Rabenmutter und schlechtem Gewissen, nach Fremdeln und Sehnsucht nach Daheim. Ein bisschen auch nach Fremdenlegion. Auf jeden Fall nach Heimweh, Trauer und Einsamkeit. Und so was tun wir unseren Kindern an?

Fremdbetreuung ist das, was außerhalb der Familie geschieht. Ein sachlich korrekter Begriff, aber einer, der jede Menge ungemütlicher Assoziationen auslöst. Fremdbetreuung klingt nach Adoption und erinnert an die Drohung: Wenn du nicht brav bist, kommst du ins Heim. Der Begriff passt übrigens perfekt zu den versenkten Räumlichkeiten: Fremdbetreuung in Räumlichkeiten. Brrr!

Noch heute gibt es bei uns nicht wenige Leute, die Mütter allen Ernstes fragen, wieso sie erst Kinder kriegen und sie dann in fremde Hände geben. Fremde Hände… Das ist furchtbar und ein Vorwurf. Das tut man nicht, jedenfalls nicht ohne Not. Wenn es unbedingt sein muss – na gut. Aber eigentlich…

Fremde Hände, lieblose Hände, Stiefmutterhände. Das arme Kind! Man kann nur hoffen, dass es sieben Zwerge trifft oder einen Ritter auf dem weißen Pferd, der es rettet. Aber in welcher Kita gibt es so etwas?

DAS FREMDE ALS ZUMUTUNG

Was ist hier eigentlich los? Was für ein Bild herrscht in der Öffentlichkeit von dem, was Kinder in dieser »fremden« Institution erwartet? Von einer Institution, die seit einiger Zeit nicht mehr allein in ihrer Betreuungsfunktion, sondern vor allem als Bildungsort gefragt ist? Sollte es früher vorwiegend kuschelig sein, wird jetzt frühe Förderung gefordert. Allerdings etwas unsortiert – jedenfalls wenn man die Presse und die Äußerungen mancher Politiker verfolgt. So meint ein Ministerpräsident von Sachsen-Anhalt zum Beispiel, man könne kleineren Kindern nicht mehr als fünf Stunden Bildung zumuten. Weder in der Kita noch in der Schule. Bildung als Zumutung – klar, das empfand ich früher auch so, als mir Bildung noch als Belehrung begegnete.

Aber zurück zu unserem Begriff. Wenn Fremdbetreuung in der schwarzpädago-

Fremdenfeindlichkeit....

Ich krieg doch kein Kind und lass das fremd betreuen...

gischen Variante der Fremdbestimmung abläuft, dann ist sie in der Tat eine Zumutung. Dann schaffen wir besser nicht nur den Begriff ab, sondern gleich die ganze Richtung.

DAS FREMDE ALS NEUER HORIZONT

Dabei bieten sich andere Interpretations- und Gestaltungsmöglichkeiten an: Fremd im Sinne von anders als das Gewohnte; Neues kennen lernen, das Neugier anfacht; ungewohnte Eindrücke und Erlebnisse; Aufbruch zu neuen Ufern…

So gesehen, kann eine fremde Umgebung den Horizont erweitern und jede Menge Chancen bieten. Vorausgesetzt, die fremden und vertrauten Menschen gestalten den Übergang so, dass ein Kind diese Chancen auch tatsächlich nutzen kann.

Die Kita ist eine Ergänzung der Familie und ein weiterer Schritt auf der Stufenleiter der kindlichen Entwicklung und Welteroberung. Es ist nicht notwendig, die Kita wie ein Wohnzimmer einzurichten und die Erzieherin als Ersatzmutter zu präparieren, damit das Kind möglichst wenig Veränderung spürt. Damit wäre der Reiz des Neuen dahin. Und überhaupt: Was ist so schlimm an Veränderung, an Neuem und demzufolge erst mal Fremdem?

Nichts. Wohl aber ist es wichtig, dem Kind zu ermöglichen, dass es das Fremde und Neue ohne Angst kennen lernen kann. Dazu gehört, dass es das Tempo seiner Schritte ins ungewohnte Gelände selbst bestimmen kann und dabei aufmerksam und liebevoll begleitet wird. Von Eltern oder anderen vertrauten Personen, die so lange in der Nähe bleiben, wie sie als sichere Basis benötigt werden, damit die neuen Menschen und Verhältnisse in Ruhe »beschnuppert« werden können.

Dazu gehört, dass das Kind auf Menschen trifft, die sich einlassen, aber nicht aufdrängen, und dass die neue Welt spannend genug ist, um sich auf die Socken zu machen und sie erkunden zu wollen. Und es gehört dazu, dass das Kind an seinen Streifzügen nicht gehindert, sondern dazu ermutigt wird. Hat ein Kind diese Möglichkeiten, kann von »fremd« schon bald nicht mehr die Rede sein.

Seit Jahren werden verschiedene Varianten von Eingewöhnung in Kindertageseinrichtungen praktiziert, die den Kindern den Einstieg in die »Fremdbetreuung« erleichtern sollen. Ziel ist es immer, eine vertrauensvolle Beziehung zum Kind und zu den Eltern aufzubauen. Gelingt das, wird die Kita die zweite vertraute Lebenswelt und bietet eine sichere Basis für die Eroberung weiterer fremder Welten. Ganz ohne Heimweh. Und die Fremdbetreuung? Über Bord damit!

GANZHEITLICHKEIT

Ganzheitlichkeit – einer der Lieblingsbegriffe der Pädagogik. Damit kann man nichts falsch machen und steht immer auf der »richtigen« Seite. Sozusagen ein politisch schon fast überkorrekter Begriff.

Aber: Was wird damit ausgesagt? Ganz oder gar nicht? Der Mensch als Ganzes betrachtet – wie in der ganzheitlichen Medizin? Alles hängt mit allem zusammen? Oder wie oder was?

GANZHEITLICH TRÜBE

In beinahe jeder Konzeption kommt »Ganzheitlichkeit« vor – egal, wie gearbeitet wird, welches pädagogische Konzept und welche Haltung im Umgang mit Kindern zugrunde liegen. Doch wenn ich den Kita-Alltag beobachte, Räume und Material unter die Lupe nehme, Regeln, Gebote, Verbote hinterfrage, dann zeigt sich oft das traditionelle Verständnis von Lernen und von der Rolle der Pädagogen.

Nach wie vor wird Wissen vorwiegend vermittelt, werden Lernziele vorgegeben und die Kinder daran gemessen, ob sie das »können« oder »nicht können«, was sie können sollen. Weder ihre Bedingungen noch ihre Vorerfahrungen spielen eine Rolle und wenn, dann vor allem als Begründung dafür, warum ein Kind »so« ist: Das liegt nämlich an den Eltern, an der Herkunft…

Es wird nicht danach gefragt, was aus der Sicht und im Erleben der Kinder selbst von Bedeutung ist. Das hat meines Erachtens damit zu tun, dass noch immer ein Bildungsverständnis verbreitet ist, das die Ziele und Aktivitäten der Erwachsenen ins Zentrum stellt, dass Kinder etwas Bestimmtes lernen und sich in vorgegebener Weise entwickeln sollen, dass ein »Sollkind« herumgeistert wie ein Phantom, an dem sich alle pädagogischen Bemühungen orientieren und alle Bewertungen.

SALZTEIGHERZEN UND LIEBE

Nun kommt bei fortschrittlichen Pädagogen die Ganzheitlichkeit ins Spiel. Sie wird als didaktische Methode eingesetzt, um Kinder in die »richtige« Richtung zu bugsieren. Weil sich die Erkenntnis durchgesetzt hat, dass Kinder »mit allen Sinnen« lernen – ein weiterer Lieblings- und Nebelbegriff –, wird

Mußt Du Dein Essen derart ganzheitlich erleben, Kevin ??

jedem Lernziel eine praktische Erfahrung zugeordnet:

- Sollen Kinder ihren Schulweg allein bewältigen, dann wird nicht nur ein Stadtplan zu Rate gezogen, sondern tatsächlich der Weg abgelaufen.
- Sollen Kinder das Alphabet lernen, werden Reime auf die einzelnen Buchstaben geschmiedet.
- Steht das Thema »Körper« an, dürfen Kinder Farbabdrücke von Händen und Füßen aufs Papier bringen, vielleicht sogar vom ganzen Körper.
- Riechrätsel sollen die Sensibilität der Wahrnehmung fördern und Salzteigherzen für den Muttertag Materialerfahrung mit Liebe verbinden.

Ohne Ende könnte ich Aktionen aufzählen, die Pädagogen sich ausdenken. Allen ist gemeinsam, dass vorher feststeht, was die Kinder dabei erfahren und lernen sollen. Folglich wird unterstellt, dass das arme Würmchen, das nicht daran teilnimmt, eine Lernchance verpasst.

Um nicht missverstanden zu werden: Es ist mir in der Tat lieber, wenn Kinder handfeste Erfahrungen mit Dingen machen können, statt abstrakte Erklärungen anhören zu müssen. Noch viel zu oft wird von ihnen verlangt, sich ohne sinnliches (Be-)Greifen einen Begriff von der Welt zu machen. Dennoch steht das Rollenverständnis auf dem Kopf. Ganzheitlichkeit wird reduziert auf eine pädagogische Methode: die Kombination von sinnlicher Erfahrung und kognitiver Erkenntnis zum Zwecke besserer Verankerung im Hirn.

DAS KIND IN DER WELT

Ganzheitlichkeit verstehe ich als die Art und Weise, wie Kinder die Welt erleben, wie sie ihre Wahrnehmungen und Erfahrungen verarbeiten, wie sie zu ihren Deutungen kommen und Dingen wie Beziehungen Bedeutung verleihen. An diesem Prozess sind vor allem Gefühle beteiligt: Lust und Unlust, Freude und Trauer, Mut und Angst, Ermutigung und Demütigung, Überlegenheit und Ohnmacht, Gemeinsamkeit und Einsamkeit... Es fließt alles ein, was Kinder umgibt und was auf sie einwirkt: Raum und Atmosphäre, Eindrücke und Anregungen, Gelegenheiten und Hindernisse, Regeln und Rituale, Rückmeldungen von Kindern und Erwachsenen, Reaktionen der Umwelt, Grenzen und Freiräume...

In diesem Sinne bedeutet Ganzheitlichkeit sehr viel mehr als »Wenn – dann«: Wenn sinnliche Erfahrung gemacht wird, dann erwächst Kompetenz. Sie bedeutet vielmehr, sich klar zu machen und sich darauf einzustellen, dass die Umwelt als Ganzes wirkt und das Kind als Einheit all seiner Eindrücke, Erfahrungen, Beziehungen und Gefühle in dieser Umwelt existiert. Jedes Kind ist ein Unikat, und es verarbeitet seine Erlebnisse in seiner ureigenen »ganzheitlichen« Weise. Was es sieht und hört, verknüpft es vor dem Hintergrund der eigenen (Be-)Deutung mit dem, was es kennt. Und es agiert nicht in getrennten Kategorien, in Bildungsbereichen, Funktionen oder »Fächern«. Wenn man Kindern genau zuschaut und zuhört, merkt man, dass sie immer in Geschichten spielen, fantasieren, denken.

Ganzheitlichkeit ernst zu nehmen heißt, auf die Allmachtsfantasien und die Deutungsmacht der Erwachsenen zu verzichten und zu erkennen, dass wir uns die Kinder nicht »zurechtstricken« können. So oder so nicht.

ERLEBNISWELTEN

Woran wir aber »stricken« können – und darin liegt unsere Verantwortung –, das ist die Bildungsumwelt der Kinder. Wollen wir Kinder in ihrer ganzheitlichen Entwicklung unterstützen, dann müssen wir ihre Lebens- und Erlebenswelt, also den Alltag und die Beziehungen, entsprechend gestalten. Wir müssen ein Umfeld bieten,

- das immer wieder neue Ausblicke gewährt und neugierig macht;
- das Spielraum für fantastische Verknüpfungen bietet;
- in dem Kinder ihren eigenen Fragen nachgehen können und in dem ihre eigenwilligen Lösungswege und Erklärungen Beachtung finden;
- in dem Fehler nicht nur erlaubt sind, sondern als Durchgangsstadium zur Erkenntnis positiv gewertet werden;
- in dem Leistungen anerkannt und Potenziale gesehen werden;
- in dem Kinder handlungsfähig sind und sich als handlungsfähig erleben;
- in dem die Wünsche und Interessen der Kinder Gewicht haben und es sich lohnt, die eigene Stimme in die Gemeinschaft einzubringen;
- in dem Ohnmacht und Diskriminierung keinen Platz haben, Gefühle nicht abgewertet, Verhaltensweisen nicht voreilig interpretiert und in dem Kinder niemals beschämt werden.

Denn: Bildung ist immer und ganz.

Was tun mit der »Ganzheitlichkeit«? Über Bord? Nein, wir behalten sie, waschen sie, wringen sie vorsichtig aus, hängen sie auf die Leine und lassen sie im Winde flattern. Das tut ihr gut.

HÄSCHEN UND MÄUSCHEN

Manches scheint unvergänglich.[1]
Wie Kitas und Grundschulen seit jeher schon von weitem als Orte für die lieben Kleinen zu erkennen sind – putzige Bildchen „schmücken" alle Fenster –, weisen auch die Namen, die Erwachsene diesen Orten geben, sofort darauf hin: Kleine Menschen sind niedlich. Und es geht immer lustig bei ihnen zu.

Vor allem Märchenfiguren und Tiere sind als Namensgeber beliebt. Was es da alles gibt: „Zwergenwiese" und „Mäuseburg", „Pinoccio" und „Hasenhügel", „Kleiner Muck" und „Bussibär", „Urmel", „Jim Knopf" und „Rumpelstilzchen".

Auf starke und freche Kinder setzen Namen wie „Wilde Kerle", „Kleine Strolche", „Rasselbande" und „Pippi Langstrumpf". Auf östliche oder westliche Herkunft lassen „Bummi" und „Knirpsenland" einerseits, die „Flitzpiepen" andererseits schließen.

Stamm-, Bezugs- oder traditionelle Gruppen werden „Häschen" und „Mäuschen", „Igel" und „Schnecken", „Seesterne", „Frösche" und zuweilen „Knallfrösche" genannt.

Es gibt sogar Kitas, in denen die Namen der Kinder an Garderobenhaken und Windelkisten durch Tier- oder Blumennamen ersetzt werden. Da heißt Felix dann plötzlich Bärchen, und Celda kommt als Gänseblümchen daher. Wer Pech hat, wird als Kuh tituliert.

Ganz süß klingt es, wenn Erzieherinnen von „Bärchen-Mama" reden oder sich selbst als „Obermaus" bezeichnen. Da mag sicher mancher fragen, in welchem Etablissement er eigentlich gelandet ist – in einer Kita oder einer Table-dance-Bar?

Von mir aus können Erzieherinnen ihre Männer gern Bärchen nennen und sich Häschen oder Mäuschen rufen lassen, aber die Kinder sollten sie damit doch bitte verschonen. Die haben Namen – ebenso wie ihre Eltern, die ihnen diese Namen gaben.[2]

Ja, ich weiß schon, was jetzt kommt: „Wir haben die Namen mit den Kindern zusammen ausgesucht. Sie finden das schön. Und auch den Eltern gefällt es."

Ach, was. Sind Sie sicher?

Mag sein, dass es Kinder und Eltern

Schluss mit niedlich!

erfreut, wenn sich alles so putzig ausnimmt. Doch ich bin sicher, dass sie vor allem dem folgen, was ihnen in der Kita vorgegeben und vorgelebt wird. Dass der Name der Einrichtung oder der Gruppe auch die pädagogische Arbeit nach außen präsentiert und damit repräsentiert, dass eine Botschaft darin steckt – wenn die Eltern das wahrnehmen, finden sie „Mäuseburg“ und „Frösche“ vielleicht nicht mehr nur süß. Vielleicht kommen sie auf den Gedanken, dass jemand, der solche verniedlichenden Bezeichnungen schätzt, Kinder nicht sonderlich erst nimmt. Au weia!

Ich bin dafür, die putzigen Namen in einen bunten Sack zu stecken und sie in einem malerischen See zu versenken. Vorher braucht man natürlich einen neuen Namen. Wem ein brauchbarer einfällt, der bekommt ein Schokohäschen oder ein Zuckermäuschen als Prämie.

---

[1] In „Kindergarten heute“, Heft 5/2001, hatte sich Erika Kazemi-Veisari unter der Überschrift „Sie nennen sich ‚Kita Krümelmonster‘, ‚Stadtnasen‘ oder ‚Glühwürmchen‘ “ über die Namensgebung von Einrichtungen mokiert.

[2] Übrigens könnte man mal nachfragen, warum Eltern ihren Kindern gerade diese Namen gegeben haben: Was bedeuten sie? Woher kommen sie? Welcher Tradition entspringen sie? Welche Wünsche verbinden die Eltern damit?

HALTUNGSÄNDERUNG

»Halt dich gerade!« Wer erinnert sich nicht an diese Aufforderung, von einem Klaps auf den Rücken begleitet? Oh ja, eine schlechte Haltung machte den Eltern Sorgen. Turnübungen wurden verordnet, gegen krumme Rücken und hängende Schultern. Der aufrechte Gang war – rein äußerlich – ein erstrebenswertes Erziehungsziel.

Herr Schreber, Erfinder der nach ihm benannten Kleingärten, ersann und konstruierte im vorvorigen Jahrhundert ausgeklügelte Haltungsänderungsapparate.

Zum Beispiel den Kopfgeradehalter oder den Aufrechtsitzer.[1] Mit solch gruseligen Gerätschaften malträtieren wir heutzutage niemanden mehr. Zum Glück.

SCHREBER IST WIEDER DA

Obwohl... Wahrscheinlich wandelt Schrebers Geist längst unter uns und kümmert sich inzwischen um die innere Haltung. Denn von Haltungsänderung ist häufig die Rede. Allerdings sind Erwachsene gemeint, nämlich Pädagogen.

An ihnen sollen Haltungskorrekturen vorgenommen werden. Das wird ein ums andere Mal als Ziel von Fortbildungen oder Qualitätsentwicklungsmaßnahmen angedroht.

Und von Führungskräften. Haltungsänderung ist einer meiner bevorzugten Favoriten fürs Versenken. Besonders wenn sie als Voraussetzung für die »richtige« Arbeitsweise gefordert wird. Wie soll das gehen?

Haltungen entstehen ebenso wie Einstellungen, Überzeugungen, Wertmaßstäbe oder Leitlinien für Handeln und Verhalten in einem langen Leben, erwachsen aus Erfahrungen und in Begegnungen, festigen sich, geben uns Sicherheit und Orientierung. Sie leiten uns und geben unserem Handeln eine Richtung. Wir wählen Berufe, suchen Freundschaften, neigen Parteien zu, engagieren uns. Mehr oder weniger bewusst leben wir nach den Maximen, die uns wichtig geworden sind. Und dann kommt jemand daher, der uns eine andere Haltung »vermitteln« will? Aufdrängen trifft's wohl eher. Schönen Dank, auf Wiedersehen.

Gewachsene Überzeugungen werden nicht einfach an der Garderobe abgegeben oder umgetauscht.

Da Haltungen aus Handlungen und Erfahrungen erwachsen, also nicht per Kopfent-

„Haltungs- ... Änderung"

scheid abgerufen werden, kann man in einer dreitägigen, dreiwöchigen oder dreimonatigen Qualifizierungsmaßnahme keine andere Haltung »lehren«. Umerziehungslager sind immer gescheitert.

SCHREBER KANN GEHEN

Natürlich können wir die Arbeit mit Kindern und Jugendlichen, mit Alten und Kranken nicht verbessern, wenn wir nicht anders hinschauen, Machtverhältnisse reflektieren und alternative Ideen entwickeln. Welche Bedingungen und Erfahrungsräume dazu beitragen, dass wir gewohnte Denk- und Handlungsmuster überprüfen und uns zu neuen Ufern aufmachen, das ist eine zentrale Frage aller Qualitätsentwicklung und ein offener Prozess, der individuell verläuft und dessen Ergebnis nicht vorgegeben werden kann.

Das Einzige, was vorgegeben werden kann und häufig muss, ist das Handeln.

Denn Schutzbefohlene müssen vor Willkür und Übergriffen geschützt werden. Dafür können Vorgaben erarbeitet werden, die besagen: Das gibt es bei uns nicht – egal, ob du das nun kapiert hast oder nicht, ob du zustimmst oder nicht. Die Kinder werden nicht mehr zum Schlafen gezwungen oder zum Probierhappen genötigt. Manchmal trägt eine klare Vorgabe dazu bei, dass sich die Sicht auf die Dinge allmählich verändert. Neue Erfahrungen verhelfen unter Umständen zu neuen Erkenntnissen. Aber sie können nur gemacht werden, wenn anderes Handeln erprobt wird. Manche Pädagogen lassen sich gern darauf ein. Andere nicht.

Noch einmal: Anderes Handeln kann gefordert werden, wenn es sich aus grundsätzlichen Anforderungen und Erwägungen ableitet. Eine andere Haltung nicht. Tschüss, Herr Schreber!

Neue Erfahrungen? Wunderbar! Andere Blickwinkel als die gewohnten? Herrlich! Veränderte Perspektiven? Sehr bereichernd. Aber welche Schlüsse ich daraus ziehe, das möchte ich doch gern selbst entscheiden – mögliche Haltungsänderungen eingeschlossen.

---

[1] Interessierten sei das Buch von Rudi Palla empfohlen: Die Kunst, Kinder zu kneten – Ein Rezeptbuch der Pädagogik. Eichborn Verlag, Frankfurt am Main 1997

KOSTEHAPPEN

Kinder werden nicht zum Essen gezwungen – oder? Nein, nein, die Zeiten sind vorbei.

Wir wissen ja, wie wichtig es ist, die Wünsche der Kinder zu respektieren. Aber probieren müssen sie wenigstens...

Bei allen Veränderungen im Denken und Handeln – Reste schwarzer Pädagogik halten sich hartnäckig. Eine dieser unsäglichen Traditionen ist der Kostehappen, auch Probierlöffel genannt. Er ist noch in vielen Häusern zu Hause und straft die konzeptionellen Leitgedanken von Respekt und Ernstnehmen Lügen. Dabei ist dieser Begriff ein unreflektiertes Überbleibsel aus alten Zeiten und lässt sich – etwas Nachdenken vorausgesetzt – eigentlich leicht versenken.

WENIGSTENS EIN LÖFFELCHEN...

Aber gerade der Kostehappen wird hartnäckig verteidigt. Weshalb?

Begründungen hören sich so an:

- Die Kinder sollen unbekannte Speisen kennen lernen. Sonst können sie ja nicht beurteilen, ob sie ihnen schmecken.

- Wenn einer etwas nicht essen will, dann ziehen die anderen nach.

- Manche Kinder würden sich sonst nur von Fischstäbchen und Spaghetti ernähren.

- Der Individualismus soll in Grenzen gehalten werden. Sonst macht hier jeder, was er will.

- Die Eltern erwarten, dass ihre Kinder ordentlich essen. Schließlich bezahlen sie dafür.

Es schadet Kindern nicht, wenn sie ein Löffelchen probieren. (Jedenfalls meistens nicht. Es soll aber schon vorgekommen sein, dass ein Kind den Kostehappen erbrach, woraufhin auf weiteres Probieren verzichtet wurde.)

Schauen wir mal, was es mit diesen Begründungen auf sich hat.

Nur ein Kostehäppchen!

Kotzehappen

RESPEKT…

Kinder reagieren wie wir, sie sehen und riechen und assoziieren. Mal läuft ihnen das Wasser im Mund zusammen, mal ekeln sie sich – je nachdem, welche Vorerfahrungen sie bereits haben. Manche Speisen sind ihnen anfangs fremd und machen vielleicht erst nach und nach neugierig. Respektieren wir das, werden Kinder die Schlemmervergnügen dieser Welt ihrem eigenen inneren Geschmacksentwicklungs-Uhrwerk entsprechend im Laufe ihres Lebens entdecken. Genau so, wie wir es auch getan haben.

Haben Sie Lust an bestimmten Speisen gewonnen, weil man sie Ihnen aufgezwungen hat? Wohl eher das Gegenteil ist der Fall, oder?

Ist es wirklich so, dass Kinder nur eindimensionale Gelüste haben? Nach meiner Erfahrung sind die Geschmäcker auch bei Kindern sehr unterschiedlich.

Wenn einer etwas nicht mag, mögen es die anderen doch trotzdem. Oder? Es sei denn, es schmeckt ihnen ebenfalls nicht.

Zu essen, was man mag, das ist ein elementares Menschenrecht. Schlimm, dass so viele Menschen auf dieser Welt nur davon träumen können, weil sie nicht einmal genug zu essen haben, um satt zu werden. Wir leben zum Glück in einem Land, in dem es zumindest in öffentlichen Institutionen immer noch möglich ist, quantitativ und qualitativ ausreichende Auswahl zu bieten. Darin liegt auch die Chance auf Selbstbestimmung und Selbstwahrnehmung: Was schmeckt mir, wann habe ich Hunger, wann bin ich satt?

… UND ACHTSAMKEIT

Gibt es so etwas wie allgemein gültige Geschmackskriterien? Wohl eher nicht.

Deshalb mein Vorschlag: Wir können gemeinsam mit den Kindern ausloten, was wem warum richtig eklig schmeckt – und umgekehrt.

Den eigenen Gefühlen und Körpersignalen zu trauen ist eine Basiskompetenz, die Kinder unter anderem beim Essen erwerben. Hinzu kommt: Sie üben sich im Nein-Sagen, in Achtsamkeit gegenüber sich selbst und anderen, sie sensibilisieren ihre Wahrnehmung.

Mit der auffordernden Behauptung »schmeckt doch lecker« reden wir den Kindern etwas ein, denn Geschmack ist immer subjektiv. Niemand definiert für einen anderen die Welt.

Kurz: Es schadet Kindern, wenn sie zum Probieren gezwungen werden. Sie lernen, dass ihr eigenes Gefühl nicht so wichtig ist wie die Forderungen der Erwachsenen. Das ist eine Erfahrung von Macht und Ohnmacht.

Da geht er über Bord, der Kostehappen. Ein echter Kotzbrocken zum Versenken im tiefsten Meer der Unworte und pädagogischen Untaten.

LERNANFÄNGER

Was steckt im Begriff »Lernanfänger«, wenn man ihn auf den Prüfstand stellt?

- Lernen beginnt erst, wenn geschulte Pädagogen sagen: Jetzt wird gelernt.
- Lernen wird nur dann als solches anerkannt, wenn es in schulischen Formen organisiert ist.
- Lernen zählt nur, wenn vorher feststeht, was rauskommen soll, und das Ergebnis geprüft wird.
- Lernen braucht vorbereiteten Lernstoff, der »durchgenommen« wird.
- Lernen ist eine ernste Angelegenheit.

DER FALSCHE CODE

Wenn Erstklässler Lernanfänger sind, was werden sie später? Lernfortgeschrittene?

Und was sind wir, die Erwachsenen? Lernfertige oder Lernvollendete?

Nein. Dagegen spricht das moderne Schlagwort vom lebenslangen Lernen.

Lebenslang? Wieso dann erst ab fünf oder sechs? Das wird ja gerade heftig kritisiert, und manche fordern, den Schuleintritt vorzuverlegen, damit die Kinder schon früher lernen können.

Ich frage mich, wie es möglich ist, gegen alle Erfahrungen und wissenschaftlichen Erkenntnisse ein solch antiquiertes Verständnis unverdrossen aufrecht zu erhalten. Oder – anders gedacht: Wenn ein Begriff nur noch aus schierer Gewohnheit benutzt wird, warum wird er nicht bewusst abgeschafft? Schließlich reden alle von der Bedeutung der Sprache. Und Sprache ist die Verständigung auf gemeinsame Codes, die einen bestimmten Inhalt transportieren. »Lernanfänger« wäre dann der falsche Code.

Lesenanfänger
Lesenfortgeschrittener
Lesenfertiger
Lesenvollendeter

Mein Verdacht ist allerdings, dass es sich nicht um ein sprachliches Versehen handelt, sondern um den Ausdruck eines fest verankerten Lernbegriffs. Auch wenn nur Pädagoginnen, speziell Grundschullehrerinnen, ausdrücklich davon sprechen, stecken die »Lernanfänger« doch in allen Köpfen – entsprechend der Vorstellung, dass erst in der Grundschule Kulturtechniken und Weltwissen vermittelt werden. Aber so wenig, wie Zitronenfalter Zitronen falten, schafft die Grundschule die Grundlagen für Bildung.

GEBORENE LERNER

Kinder sind geborene Lerner. Sie kommen auf die Welt und lernen los. Sie können gar nicht anders, als ihrem inneren Motor zu folgen. Kinder erkunden ihre Umgebung mit allen Sinnen und vom ersten Tage ihres Lebens an. So gesehen, müssten wir eigentlich die Neugeborenen »Lernanfänger« nennen.

Wenn man bedenkt, wo die Kinder anfangen und was sie sich in wenigen Jahren aneignen, kann man nur staunen. Dieses Tempo und diese Entschlossenheit, die Welt zu erobern! Es gehört schon Einiges dazu, ein Kind von dem abzubringen, was es gerade interessiert und lernen will.

Die Kinder zeigen uns, was in ihrem Lernprogramm jeweils dran ist. Wir brauchen eigentlich »nur« genau hinzuschauen, ihrer Neugier Futter zu geben, sie in ihrem Forscherdrang zu unterstützen und ihrem Bildungsmotor freie Bahn zu verschaffen, um sie zu fördern. Bieten wir ihnen außerdem für alle aus unserer Sicht bedeutsamen Kompetenzen ausreichende Erprobungsfelder, zum Beispiel ein sprachfreudiges Umfeld, haben die Kinder gute Chancen, die verschiedenen Facetten ihrer Persönlichkeit zu entfalten.

KEINE STUNDE NULL

»Der Schatz der frühen Kindheit wird verschenkt in dieser Republik«, kritisierte Donata Elschenbroich schon vor Jahren und mahnte, die lernintensive Zeit vor der Schule besser zu nutzen und den Kindern möglichst viele Fenster in die Welt zu öffnen. Das sollte jedoch nicht missverstanden werden als Ende der Spielzeit und Startschuss für Lernen. Wir haben es mit Kindern zu tun, die bereits Vorerfahrungen und Fragen an die Welt mitbringen, wenn sie zu uns kommen, egal, in welchem Alter, an die es anzuknüpfen gilt.

Wie die Kita anders ist und Anderes bietet als die Familie, so ist die Schule anders und soll Anderes bieten als die Kindertagesstätte. Kinder erwarten zu Recht, dass mit einer neuen Institution auch etwas Neues auf sie zukommt. Doch dieses Neue ist nicht die Stunde Null in Sachen Lernen, ebenso wenig, wie der »Ernst des Lebens« den Kindern erst jetzt begegnet.

Wenn Kinder auf institutionelles Lernen und professionelle Lernorganisatoren treffen, sind sie bereits Lern- und Lebenserfahrene, und wir tun gut daran, dies zu respektieren, ihre Kompetenzen zu nutzen und darauf aufzubauen.

Der Begriff »Lernanfänger« sollte möglichst tief im Meer der Unworte versenkt werden. Da es allerdings nicht leicht ist, sich von jahrzehntelangem Sprachgebrauch zu verabschieden, hilft vielleicht die »Hups-Hupe«. Bei jedem... wird gehupt und hoffentlich gelacht.

LOB UND TADEL

Na, nun geht's aber los... Jetzt soll nicht mal mehr gelobt werden? Selbst wenn Tadel nicht erfreulich ist, manchmal ist er doch nötig, oder? Und was ist gegen Lob einzuwenden? Brauchen wir das nicht alle?

Tja, ich denke, was wir brauchen, das ist nicht Lob, sondern Anerkennung. Das ist mitnichten das Gleiche.

In Anerkennung steckt nämlich das Wort Erkennen: Etwas wird zunächst erkannt und dann anerkannt. Sowohl das konkrete Handeln als auch die Kriterien sind klar ersichtlich. Es wird benannt, was anerkannt wird und warum. Das bedeutet Beachtung und Achtung. Anders als beim Lob, das immer willkürlich und subjektiv bleibt und – von wessen Gnaden auch immer – mich wie eine Zuckerglasur überzieht.

ERZWUNGENES WOHLVERHALTEN

Lob und Tadel – zwei Begriffe aus der pädagogischen Mottenkiste. Beide lassen vor meinem geistigen Auge den strafenden oder wohlwollenden, in jedem Fall aber überlegenen Lehrer erstehen. Lob und Tadel kommen von oben herab.

Ein Pult, ein Klassenbuch mit Eintragungen (»... hat wieder mit ihrer Nachbarin geschwatzt«), gute Noten für Antworten, die der Lehrer hören will, schlechte für Fehler (»Fünf! Setzen...«). Nachsitzen und Strafarbeiten bei Fehlverhalten, öffentliche Belobigungen für Wohlverhalten – immer in Abhängigkeit. Zeugnisse mit wiederkehrender Struktur: Erst kommt was Positives, dann folgt die Einschränkung.

Ob große oder kleine Menschen, alle klein gehalten, vorgeführt, in ihre Schranken gewiesen. Den Maßstäben und der Willkür der jeweiligen Pädagogen, Meister, Vorgesetzten ausgeliefert. Nur wer am längeren Hebel sitzt, kann loben und tadeln und die dazugehörigen Belohnungen und Strafen verteilen.

Nur wer die Macht hat, hat das Recht und die Möglichkeit dazu. Die Maßstäbe sind nicht immer durchschaubar, sie werden einseitig gesetzt. Klar ist: Wohlverhalten ist angesagt, wenn man gut durchkommen will. Sich »lieb Kind« machen hieß das früher.

Ekelhaft.

ANERKENNUNG UND KRITIK

Ich plädiere dafür, Lob und Tadel in der Versenkung verschwinden zu lassen zugunsten von Anerkennung und Kritik.

Ebenso wie Anerkennung für Anerkennenswertes brauchen wir Kritik für Kritikwürdiges, damit wir wissen, was wir tun. Auch hier geht es um klar erkennbare Kriterien: Was wird warum kritisiert? Das ist ein Unterschied zum Tadel wie Tag und Nacht.

Wichtig ist natürlich, dass mit den Begriffen auch der Machtanspruch entsorgt wird, dass Kriterien für Anerkennung genau so wie für Kritik gemeinschaftlich diskutiert und ausgehandelt werden. Das ist ein Beitrag zu Beteiligung und stärkt die gemeinsamen Grundorientierungen.

Andererseits: Lob ist doch so ein schönes Wort, kurz und knackig. Außerdem steckt mehr drin als die bloße Anerkennung für etwas, das jemand leistet. Zum Beispiel Begeisterung. Aber auch Emotion. Emphase. Superlativ.

Als ich mit einer Kollegin darüber diskutiere, sind wir uns einig: Tadel soll versenkt werden, den braucht niemand. Aber Lob verteidigt sie. Vielleicht hat sie Recht.

Vielleicht versenke ich glatt das Kind mit dem Bade?

Trotzdem: Für mich kann Lob in den Kirchen bleiben: Lobet den Herrn. Im Alltagsleben habe ich etwas gegen Lobhudeleien aller Art.

Aber vielleicht geht es Ihnen wie meiner Kollegin und Sie möchten das schöne kleine Wörtchen »Lob« in Ihrem Sprachgebrauch und in Ihrem Leben behalten. Bitte sehr.

LOB

Sind Sie schon in den Genuss von LOB gekommen?

Nein? Ach, Sie wissen gar nicht, was das ist? Dann erzähle ich es Ihnen.

LOB ist die Abkürzung für leistungsorientierte Bezahlung, also so etwas Ähnliches wie Smilys unter einer Klassenarbeit: feingemacht, brav, fleißig, weiter so. Zehn Smilys ergaben einen Punkt, zehn Punkte eine Eins. Und dafür gab's 5 Mark.

Erinnern Sie sich?

DAS ALTE BELOHNUNGSMODELL IN NEUER GESTALT

LOB ist ein Produkt und Instrument des Qualitätsmanagements. Dahinter steckt die Vorstellung, dass – wenn inhaltliches Interesse und berufliches Engagement schon nicht als Motor für Entwicklung auszumachen sind – finanzielle Anreize die Leistungsbereitschaft erhöhen. Da kann ich nur sagen: Nichts kapiert, oder?

Bildung als eigensinniger Prozess, von Fragen, Freuden und Freunden motiviert, aktiv, sinnlich und sozial, weder linear noch vorhersehbar, weder plan- noch steuerbar, voller Umwege und Überraschungen, immer ergebnisoffen – ach so, das gilt nicht für Erwachsene?

Die sind schon so demotiviert, dass sie entweder einen Tritt in den Hintern brauchen, die berühmte TidH-Methode[1] oder mehr Geld? Die TidH-Methode ist ziemlich aus der Mode gekommen oder wird nur als letztes Mittel eingesetzt. Aber mehr Geld – das ist eine Verlockung. Zumal für Erzieherinnen, die ja nicht gerade ein fürstliches Gehalt beziehen.

Die bisherige Praxis, sich nach oben zu »altern«, ist bekanntlich auch nicht der Weisheit letzter Schluss. Die Berufsdauer allein – 35 Jahre bei den Krümelmonstern – ist noch keine Leistung. Gehen »die Alten« gar unverdrossen altbacken zu Werke, ist die Höhergruppierung besonders ärgerlich. Doch halt! Bitte keine Altersdiskriminierung!

Es gibt bekanntlich keinen Automatismus: alt = unbeweglich, jung = offen für Neues. Das klappt umgekehrt auch.

Kita war gestern!

KRITERIEN UND LOBESHYMNEN

Nun soll LOB also mehr Gerechtigkeit mit Anreizen zur Professionalisierung verbinden. Man könnte das B auch mit Bonuszahlung übersetzen. Denn bei guten LOB-Werten gibt's zusätzliches Geld. Von Abzügen habe ich übrigens noch nichts gehört...

Extrem wichtig ist folglich, was als LOBenswert erachtet und honoriert wird.

Und vor allem: Wer das bestimmt und zu beurteilen hat. Sind Kriterien und Messlatten transparent, nachvollziehbar, überzeugend? Was wird überhaupt bewertet und bonusbezahlt? Kommt tatsächlich Gerechtigkeit auf? Denn: Nichts ist demotivierender, als die Wahrnehmung, ungerecht behandelt zu werden und nichts dagegen tun zu können. Ich habe mich mal ein bisschen umgehört und LOBeshymnen verschiedener Träger in Ost und West vernommen:

AM ANFANG WAR DIE ZIELVEREINBARUNG

Ja! Auch ein Zauberwort des Qualitätsmanagements. Sehr verbreitet mittlerweile.

Damit nicht der Eindruck entsteht, etwas übergestülpt zu bekommen, wird »vereinbart«, welche Ziele die Mitarbeiterin erreichen soll, äh, will.[2] Aber egal – vereinbart ist vereinbart. Darauf kann man fein zurückkommen, loben oder nicht oder halb, sich schämen oder nicht oder halb.

Übrigens: Wer schlau ist und sich zusätzliche Lorbeeren oder LOB-Punkte verdienen will, übernimmt besondere Aufgaben, zum Beispiel den aufregenden Job der Hygienebeauftragten.

SYSTEMATISCHE LEISTUNGSBEWERTUNG

Was war das noch mal? Ach ja: Es geht um Vergleichbarkeit und Transparenz.

Willkür soll ausgeschlossen werden. Alles soll abrechenbar sein. Messlatten der Bewertung also.

Aber wofür? Was wird beurteilt?

Mal abgesehen von der Zielvereinbarungserfüllung.

Was soll »wertgeschätzt« oder »geschätzwertet«, also in Geldwert aufgewogen werden? Persönliches Verhalten, grundlegende Arbeitstugenden, die Menge der Leistungen oder doch die Qualität? Letztere rief ja vor nicht allzu langer Zeit eine heftige Erschütterung im Arbeitsfeld hervor und war sogar ein teures Bundesprogramm wert.[3]

MERKMALE IN LOB-KATALOGEN

Ich höre mich weiter um und entdecke in LOB-Katalogen verschiedene Kategorien, zum Beispiel Sozialverhalten, Qualität der Arbeit, Weiterbildung. Was dazu jeweils an Merkmalen aufgezählt wird, ist so allgemein gehalten, dass man alles und nichts hineinlegen kann.

Was ist »fachlich korrekt«, »sachgerecht« oder »ressourcenorientiert«? Ist es fachlich korrekt, Kinder zur Teilnahme am Morgenkreis zu verpflichten oder ihnen die Teilnahme freizustellen?

Ist es sachgerecht, Probleme im Team direkt anzusprechen oder sich mit der Leiterin zu beraten? Was gilt als ressourcenorientiert? Die »guten« Bücher vor dem unkontrollierten Zugriff der Kinder zu schützen? Oder ist damit gemeint, dass nicht alle Kolleginnen gleichzeitig im Garten sind?

Keine Ahnung...

Zweifel habe ich auch bei der »Teilnahme an Fortbildungsveranstaltungen«. Das lässt sich rein quantitativ natürlich erfassen, aber was sagt uns das? Dass es Punkte für die Teilnahme gibt. Das kann von Engagement bis Absitzen alles bedeuten. Bei Teamseminaren haben sowieso schon mal alle ihre Punkte weg – nachgewiesen in den Beweisheften. Wieso jemand Bonuspunkte für die »Einhaltung der Konzeption« bekommt, das ist mir ein Rätsel. Ist das nicht eine Mindestanforderung? Ebenso wie »Pünktlichkeit«? Kann man eigentlich halb pünktlich sein? Jeden zweiten Tag?

OBJEKTIVE AUSWERTUNG

Ein Stufensystem der Beurteilung soll Objektivität sichern: Alles wird fein säuberlich abgerechnet. Nicht erfüllt, zu 50 Prozent erfüllt, erfüllt = soundso viele Leistungspunkte.

Die Maßstäbe wie Gummi, die Kategorien nebulös, immer die eigene Brille auf der Nase und die Vorgesetzten am längeren Hebel. Das soll objektiv sein? Dass ich nicht lache...

Man erzähle mir nicht, dass es nicht zu Ungereimtheiten und Ungerechtigkeiten kommt. Was für eine Zumutung für alle Beteiligten! Leiterin möchte ich da nicht sein. Erzieherin auch nicht.

LOB FÜR VORGESETZTE

Es juckt mich in den Fingern, ein Leistungsbewertungssystem für Vorgesetzte auf den oberen Etagen zu entwerfen und anzuwenden. Für all diejenigen, die sich offenbar so wenig mit den Erkenntnissen der letzten Jahre befasst haben, dass sie in ihren alten Stiefeln unverdrossen weiterschlurfen und das als Fortschritt verkaufen.

... UND QUALITÄTSMANAGER

Wie kommentierte mein Kollege Roger Prott so treffend? »LOB ist entweder ein (typisches) Beispiel dafür, wie Bürokraten und Verwaltungshengste Modernität beweisen wollen oder wie Managementprofessoren, die vom Sozialbereich keine Ahnung haben, von Sozialprofessoren, die von Management keine Ahnung haben, eine Bühne zur Selbstdarstellung erhalten.«

EIN LOB DEM LOB?

Von mir nicht. Das System von Strafe und Belohnung ist eine Bankrotterklärung – in der Personalführung genauso wie in der Pädagogik. Ich bin entschieden fürs Versenken.

Will es jemand wieder rausfischen?

Na dann – wer wagt es, Rittersmann oder Knapp, zu tauchen in diesen Schlund?

---

1 Kein Witz: Die TidH-Methode heißt auf Englisch bezeichnenderweise Kita: Kick in the ass.

2 Etikettenschwindel vom Feinsten. Siehe Begriff: Zielvereinbarungen, Seite 144 ff. in diesem Buch.

3 Schon vergessen? Die Nationale Qualitätsinitiative war es.

NULLEN

Gestern fuhr ich mal wieder mit der U3. Diese U-Bahn-Linie ist für mich untrennbar mit den gleichnamigen Kindern verbunden. Zwar heißen die Kinder nur noch selten so[1], und der Begriff ist wieder zum Alleinstellungsmerkmal im öffentlichen Berliner Nahverkehr geworden, aber jetzt lese ich immer: „Kinder von Null bis Drei". Auch nicht besser. Denn: Gibt es Kinder von Null?

Zunächst mal ganz nüchtern betrachtet: Wird ein Kind geboren, zählen wir anfangs noch die Stunden, bald die Tage, schließlich Wochen, dann Monate und irgendwann nur noch die Jahre. Also kann selbst ein Neugeborenes kaum „null" alt sein, oder?

Da Eltern ihre Säuglinge nicht unmittelbar nach der Geburt in einen Kindergarten bringen, sucht man dort vergebens nach Neugeborenen.

VON NULL AUF HUNDERT

Abgesehen von der Logik unseres Rechensystems und den tatsächlichen Verhältnissen in Kindertagesstätten ist die Botschaft, die „Null-Kinder" enthält, fatal: Alles vor dem offiziellen ersten Geburts-Tag gilt nichts, null, niente.

Das Kind – ein unbeschriebenes Blatt? Es schreit und schläft, nuckelt, macht in die Windeln und Bäuerchen, es lächelt, sitzt und krabbelt – aber offiziell gilt es als Null?

Das wissen wir nun heute wirklich besser. Gerade im ersten Lebensjahr spielen sich wunderbare, schier unglaubliche Entwicklungen ab. Man kann auch sagen: Von Null auf Hundert.

ELTERN VON NULLEN

Wer sein Kind mit acht Wochen in eine Kita bringt, hat unter Umständen mit Vorwürfen zu rechnen: „Warum bekommst du ein Kind, wenn du es dann weggibst?" Übrigens auch von Erzieherinnen. Selbst wenn sie heutzutage kaum wagen, das laut zu sagen – dass sie es denken, merkt die „Rabenmutter", und zum Trennungsschmerz kommt das schlechte Gewissen, weil sie sich – aus welchen Gründen auch immer – zu diesem Schritt entschloss.

Eltern tun sich schwer, ihr Liebstes in fremde Hände zu geben, sie zweifeln,

Namen sind so umständlich!

grämen sich und meinen häufig, sich rechtfertigen zu müssen, auch in der Kita. Obwohl sie mit ihrem Entschluss den Erzieherinnen und der ganzen Einrichtung einen Vertrauensvorschuss gaben: „Ihr seid die Profis. Wir vertrauen darauf, dass es unserem Kind bei euch gut geht, dass ihr euch kümmert und merkt, wenn es euch braucht. Wir vertrauen auch darauf, dass ihr für uns da seid, uns versteht und unterstützt, denn es ist alles schwierig genug…"

NULL PARTNERSCHAFT

Mittlerweile wird die Erziehungspartnerschaft in beinahe jedem Kita-Konzept beschworen. Ich frage mich aber, wie viel Schönfärberei sich hinter diesem Begriff verbirgt. Wahrscheinlich werde ich ihn bald versenken…

Das Mindeste, was von professionellen Erzieherinnen in Bezug auf die Eltern – besonders die Mütter – erwartet werden kann, ist die Bereitschaft, Verständnis für deren Lebenssituation und Beweggründe aufzubringen, statt das eigene Mutterverhalten – „Also ich würde mein Kind ja nie…" – zum Maß aller Dinge zu machen. Das ist jedoch eher selten zu finden.

Null Verständnis?

NULLSUMMENSPIEL

Die Null ist ein mathematisches Konstrukt, eine leere Menge. Null plus Null ist Null. Rein rechnerisch ergeben noch so viele Kinder von Null also null Kinder.

Sprachlich ist die Null hingegen ein Knüller und begegnet uns in vielerlei Gestalt: „Nullwachstum", „Null Promille", „Null Bock", „Null ouvert" beim Skat und „Rien ne va plus – nichts geht mehr" am Roulettetisch. Doch da geht noch was. Wie wäre zum Beispiel ein Nullennest? Oder: Jedem Nulli seinen Schnulli?

Vielleicht vergnügen Sie sich mit Kindern und Eltern bei Nullsummenspielen und geben der Null eine neue, bunte Füllung – so gut man eben Nullen füllen kann. Vielleicht gehen die „Kinder von Null bis…" auf diese Weise in der Pädagogensprache verloren. Das wäre glatt und in Nullkommanix ein Beitrag zur qualitativen Weiterentwicklung professioneller Arbeit mit Kindern allen Alters.

---

[1] Siehe auch Seite 123 ff. in diesem Buch.

RÄUMLICHKEITEN

Räumlichkeiten – was für ein unhandlicher Begriff! Bürokratensprache. Staub auf der Zunge und Gummi im Herz.

Ich weiß nicht, wie es Ihnen geht. Mir geht es jedes Mal quer runter, wenn Erzieherinnen die Räumlichkeiten der Kita beschreiben. Mit diesem Wort kann ich das wuselige und kreative Kinderleben nur schwer zusammenbringen. Genau so ging es mir, als ich mit meiner Mutter diverse Seniorenresidenzen besichtigte und die Rede auf die – leider beschränkten – Räumlichkeiten kam. Die nüchterne, abweisende Bezeichnung passte zu den übrigen Botschaften: Hier hat das selbst bestimmte Leben ein Ende. Hier müssen Sie sich (ein-) fügen. Sie dürfen Ihre persönlichen Restmöbel mitbringen, so weit die das Fassungsvermögen Ihrer Räumlichkeiten nicht überschreiten. Ansonsten: Bei uns wird nach Effektivitätsgesichtspunkten betreut und gepflegt.

Egal, ob Kita oder Schule, Altenheim oder Krankenhaus – alle verfügen über mehr oder weniger Räumlichkeiten, in denen mehr oder weniger heimeliges Leben stattfinden kann. Organisiert, kanalisiert und reglementiert.

RAUM WIRKT IMMER

Räumlichkeiten, das ist ein Begriff, der Distanz zu den Bewohnern signalisiert, der an Immobilienbüros und Verwaltungen erinnert, an Bürokratie und nüchterne Kalkulation. Räumlichkeiten werden in Quadratmetern gemessen, haben tragende Wände und Durchbrüche, Fluchtwege und Nasszellen. Ihre Kosten werden nach Vergleichsmiete berechnet. Räumungsklagen liegen nahe.

Wenn es wenigstens so wäre, dass in all diesen Räumlichkeiten reichlich geräumt werden dürfte: Räume einräumen, umräumen, aufräumen. Wenn die Bewohner die Räume, in denen sie Lebenszeit verbringen, ihren eigenen Bedürfnissen und Ideen entsprechend gestalten könnten. Wenn sie sich ihre räumlichen Wirklichkeiten schaffen dürften. Aber wo ist das schon möglich? Träume sind Schäume und Traumräume auch.

Dabei ist der Raum, der uns umgibt, von viel größerer Bedeutung, als es sich die meisten Menschen bewusst machen. Raum wirkt immer – auf unsere Stimmung und unser Befinden, auf Ideen und Handlungs-

Die Ausstattung ist perfekt! Es gibt nur noch ein paar humane Störfaktoren...
Nano DRY Water
Sprach-o-mat
Hi TECH
ESSEN OHNE Klechsen
Wachstums Förder Lampe

möglichkeiten, auf die Beziehungen und die Kommunikation.

Raumnutzung und -gestaltung sind Basisaufgaben für Pädagogen, sind Indikator für die Zusammenarbeit im Team und die Beteiligung der Kinder.

Ein Blick in Räume sagt mehr über die Kompetenzen der jeweils Verantwortlichen aus als jede schriftliche Konzeption oder mündliche Beteuerung. Was auch immer in Hochglanzbroschüren und Flyern steht – was ich von einer Kita, einer Schule oder einem Seniorenheim zu halten habe, sehe ich auf den ersten Blick, gleich wenn ich durch die Eingangstür trete.

WUNSCHRÄUME

Was ich mir wünsche, sind Lebensräume – keine Lebensräumlichkeiten, Bildungsräume – keine Bildungsräumlichkeiten, Rückzugsräume – keine Rückzugsräumlichkeiten, Bewegungsräume – keine.... Na, Sie wissen schon.

Der Verlust an öffentlichen Räumen für Kinder und Jugendliche, in denen sie sich ungehindert und eigenständig bewegen können, wäre durch die künstliche Schaffung öffentlicher Räumlichkeiten nicht zu kompensieren. Schon, weil dieses Wort einen an Bedürfnisanstalt erinnert. Und der Vision von traumhaften Zukunftsräumen für Kita und Schule sollen Zukunftsräumlichkeiten nicht die Flügel stutzen.

Kurz und gut: Versenken wir die räumlichen Keiten mitsamt ihrer sprachlichen Kahlschlagtendenz in einer möglichst unzugänglichen Räumlichkeit, klaftertief unter der Erde.

Es sind Räumlichkeiten, aber
keine Aufräumlichkeiten!

SAUBERKEITSERZIEHUNG I

Was für ein Wort! Wenn man es hört, fällt einem sofort Waschzwang ein. Oder Kernseife und Wurzelbürste. Schrecklicherweise hört man es oft, denn »Sauberkeitserziehung« scheint unausrottbar.

Beim ersten Besuch von Eltern wollen Erzieherinnen wissen: »Ist Ihr Kind schon sauber?«

Mütter fragen auch gern nach der »Sauberkeitserziehung« und fürchten sich ein wenig vor der Antwort. Denn es gibt noch immer Einrichtungen, die nehmen nur »saubere« Kinder auf. Vielleicht ist das eigene Kind ja eins von denen, die keinerlei Anstalten machen, sich diesem Diktat unterzuordnen...

»Nein, mein Kind ist noch schmutzig«, würde ich trotzig antworten.

PUH, SCHON WIEDER...

Sauber! Was denken wir uns eigentlich dabei? Und sagen Sie jetzt nicht, das sei nur so ein Begriff, der sich halt eingebürgert hat. Bestimmt steckt wie immer mehr dahinter. »Noch nicht sauber« – das sagt mehr aus als die nüchterne Tatsache, dass der Inhalt der Windeln nicht eben angenehme Gerüche verbreitet. Da höre ich Ekel und Abneigung heraus, Windelnwechseln als notwendiges Übel.

Für Eltern geht es immerhin um das eigene Kind, und dazu hat man ja in der Regel ein liebevolles Verhältnis – egal, um welches »Produkt« des Sprösslings es sich handelt. Aber für Erzieherinnen? Die sollen nicht nur fremder Leute Kinder »sauber« machen, sondern dies auch noch wie am Fließband. Schließlich haben sie nicht selten Wickelkinder gleich im Dutzend.

Manche können dem Wickeln etwas abgewinnen, denn das ist eine Situation der Zwiesprache mit dem Kind und eine Chance für individuelle Zuwendung.

PLOSCH...

Die meisten Erzieherinnen aber widmen sich der Angelegenheit routiniert und beeilen sich dabei. Und dann gibt es welche, die sich gern davor drücken.

UND BIST DU NICHT WILLIG...

»Noch immer nicht sauber...« Da höre ich Ungeduld heraus. Ungeduld gegenüber dem »unfertigen« Kind, das so viel Schmutz und Arbeit verursacht. Ich kann das, wenn ich an die Zeiten vor der Wegwerfwindel denke, sogar verstehen. Was für ein Dauerprogramm für unsere Mütter und Großmütter, mit all den Windeleimern und Waschtrögen! Kein Wunder, dass sie alles daran setzten, ihre Kinder so schnell wie möglich »sauber« zu kriegen. Doch in Zeiten von Pampers und Co. gibt es eigentlich wenig Grund zum Jammern, und man könnte gelassen abwarten, wann ein Kind von sich aus die Windel loswerden will.

Aber: Nix da. Wenn sich ein Kind der Zweijahresmarke nähert und die ersten gleichaltrigen Kinder aufs Klo gehen, warten die Erwachsenen ungeduldig: Jetzt muss es bald passieren... Zur Not mit etwas Nachhilfe, frei nach Goethes »Erlkönig«: »Und bist du nicht willig, dann brauch ich Gewalt...«

Wird das Kind gar Drei und macht noch immer keine Anstalten, wächst der Druck.

Dabei wissen wir längst, dass es sich – wie immer – um einen individuellen Prozess der zunehmenden Beherrschung von Körperfunktionen handelt und dass Dressur der Entwicklung eines Kindes nicht besonders förderlich ist.

Dennoch bleiben Erwachsene bei ihrer Linie. Ist das nur Ungeduld und der Wunsch, das lästige Wickeln endlich ad acta legen zu können? Steckt in dem Begriff »Sauberkeitserziehung« nicht auch die Vorstellung vom »unfertigen« Kind, das erst akzeptabel ist, wenn es uns gleicht? Die Annahme, dass die gewünschten Verhaltensweisen unter mehr oder weniger sanftem Druck anerzogen werden müssen? Oder gar die Absicht, dafür zu sorgen, dass Kinder reibungslos funktionieren und möglichst wenig stören?

Warum sonst warten Eltern und Erzieherinnen nicht ab und lassen jedem Kind die Zeit, die es braucht? Kollektives »Töpfen« war früher die Regel in Krippen, sowohl im Osten als auch im Westen. Ich dachte eigentlich, das wäre ausgestorben. Doch mitnichten! Topfbänke gibt es heute noch – oder wieder – im Möbelangebot für Kitas. Das lässt wohl eher auf Nachfrage schließen, nicht auf Ladenhüter. Trotzdem: Feierlich versenke ich hiermit die »Sauberkeitserziehung« in Wort und Tat. Und zwar im Windeleimer.

Immer schön sauber bleiben!

SAUBERKEITSERZIEHUNG II

– den Begriff hatte ich bereits mit Schwung versenkt, nicht ahnend, dass es noch dicker kommen würde. Ich hatte mir eingebildet, dass dieses Wort überholt sei, weil Erzieherinnen Kinder weder schmutzig noch bösartig oder entwicklungsverzögert finden, wenn sie in die Windeln machen, sondern dass sie es den Kindern überlassen, wann die sich entschließen, auf Windeln zu verzichten.

Denn Erzieherinnen wissen: Es ist ein Prozess der Kinder, und nur sie können ihn so vollziehen, wie er ihrer Entwicklung entspricht. Dressur bringt's nicht.

FEUDALE HERRSCHERINNEN

Vor allem aber dachte ich, es sei inzwischen pädagogisches Allgemeingut, dass die Zeit des Windelnwechselns mehr ist als das Beseitigen von Geruchsbelästigung oder Vorsorge gegen wunde Popos. Emmi Pikler war es, die unser Augenmerk darauf richtete, wie wertvoll diese Zeit der Zwiesprache ist, welche Bedeutung die intensive Zuwendung für die Körperwahrnehmung des Kindes und für die Beziehung zwischen Kind und Erzieherin hat.

Womit ich nicht gerechnet habe, das ist »die Hygiene«. Erst recht habe ich nicht damit gerechnet, wie gottergeben ganze Teams einschließlich Leiterinnen die Auflagen »der Hygiene« befolgen. Diese besondere Spezies der Kitaaufsicht erscheint – wie »der Brandschutz« und »die Aufsichtspflicht« – offenbar als eine Art Schicksal, das man anzunehmen hat. Und zwar ohne sich schlau zu machen, was denn tatsächlich in Gesetzen und Hygienevorschriften steht. Leider sind auch Fachberaterinnen oder andere Vorgesetzte auf Trägerebene selten eine Hilfe, wenn es darum geht, unsinnigen

Keimfrei Wickeln
im Windel-Labor!

Vorschriften diverser Art entgegenzutreten. So können die zuständigen Personen – Wer wird eigentlich »Hygienebeauftragte«, und wer bereitet sie auf den Einsatz in einer Bildungseinrichtung vor? – schalten und walten wie feudale Herrscherinnen. Egal, wie absurd ihre Auflagen sind, sie werden erfüllt. Pädagogisch begründete Positionen, die eingewandt werden können? Fehlanzeige. Also taucht der versenkte Begriff wieder auf: Sauberkeit ist oberstes Gebot.

IH BABA!

Erzieherinnen ziehen nun beim Wickeln Gummihandschuhe an. Sanfte Berührungen werden damit wohl eher misslingen. Nicht nur, dass Gummihandschuhe ohne Murren übergestreift werden – Kolleginnen, denen ich empört davon erzähle, suchen ihrerseits nach Begründungen: Krankenhauskeime, Durchfall, Salmonellen... Das Erleben des Kindes? Ach...

Dabei ist das doch das Einzige, das zählt! Was Kinder erleben, verarbeiten sie und bauen daraus ihre Sicht auf die Welt, auf sich, auf andere Menschen und ihre Beziehung zu ihnen.

Deshalb: So lange keine Epidemie ausbricht, kann es keine Rechtfertigung dafür geben, Kinder mit »spitzen Fingern« und mit Gummihandschuhen anzufassen. Denn dann erleben sie, dass sie schmutzig sind, nicht wert, mit bloßen Händen berührt zu werden. Wickelkinder – ih, baba! Der nächste Schritt ist wahrscheinlich: Mundschutz und Kittel.

SCHLAFWACHE

Und noch ein grässliches Wort, das Assoziationen hervorruft, die mit Kindern aber auch überhaupt nichts zu tun haben: Wachposten, Knast, Befehl und Gehorsam...

Warum müssen schlafende Kinder bewacht werden? »Weil sie sonst nicht schlafen.«

Warum schlafen Kinder nicht? »Weil sie nicht müde sind.«

Warum sollen sie dann schlafen? »Weil sie das brauchen, weil die Eltern das wünschen, weil wir auch mal eine Pause nötig haben...«

Noch mal: Warum müssen schlafende Kinder bewacht werden? »Damit sie sich nicht gegenseitig stören.«

Warum stören sie sich gegenseitig? »Weil manche Kinder müde sind und andere nicht.«

Warum dürfen Kinder, die nicht müde sind, nicht spielen, während die anderen Kinder schlafen? »Das geht nicht, das wäre zu laut.«

Warum sucht ihr nicht nach Möglichkeiten, schlafende und spielende Kinder räumlich zu trennen? »Wie denn, wo denn? Wir haben doch keinen Platz.«

»Kinder brauchen Schlaf.« Woher wisst ihr das?

»Wenn sie lange genug gelegen haben, schlafen sie schon ein.« Ach so, die Schlafbewacherin passt auf, dass die Kinder lange genug liegen bleiben. »Ja, klar.«

DAS LEBEN IST KEIN WUNSCHKONZERT

So oder ähnlich verläuft dieses Frage-Antwort-Spiel fast immer. Was die Haltung, die hinter den Antworten der Erzieherinnen steckt, mit den hehren Ansprüchen zu tun hat, die in den Konzepten ihrer Einrichtungen stehen, das ist mir schleierhaft: Weder die Individualität des einzelnen Kindes steht bei der bewachten Mittagsruhe im Mittelpunkt noch wird das Handeln der Erzieherinnen vom Respekt vor den Bedürfnissen der Kinder geleitet. Organisation geht vor. Oder die Bedürfnisse der Erwachsenen. Oder ihre Gewohnheiten. Oder vermeintliche Gewissheiten. Ganz abgesehen davon, dass die Kinder auf diese Weise nicht erleben, dass sie gehört oder beteiligt werden. Im Gegenteil: Ihre Wünsche sind für die Erwachsenen nicht von Interesse.

Was erleben und lernen die Kinder stattdessen: Erwachsene haben die Macht. Ich

SCHLAFWACHE
KACK WACHE
SPIEL WACHE
KAFFEE WACHE

muss tun, was sie mir sagen und von mir verlangen. Andere wissen besser, was ich brauche. Mein eigenes (Körper-)Gefühl ist nicht wichtig. Es gibt Zeiten, die muss ich eben durchstehen. Das Leben ist kein Wunschkonzert.

JEDER TAG HAT EINE TRAUMSTUNDE

Worum es uns gehen muss: Kinder zu ermutigen, auf die Signale ihres Körpers zu hören, ihren Gefühlen zu vertrauen, Nein zu sagen, wenn Erwachsene ihre Grenzen überschreiten, unterscheiden zu lernen zwischen dem, was ihnen gut tut, und dem, was ihnen nicht gut tut. Das ist für ihr Leben wichtig. Schlafzwang hingegen ist dafür so wenig förderlich wie der Zwang zum Probieren oder zum Aufessen.

Was die praktische Seite angeht, da gibt es schlichte Lösungen, die in vielen Häusern bereits praktiziert werden: Die vorhandenen Räume mit dem Blick darauf überprüfen, wo sich Ruhe-, Rückzugs- und Schlafbereiche finden, die von den eher geräuschintensiven Spielzonen deutlich getrennt sind.

Wenn nur noch müde Kinder schlafen, braucht es keine Bewachung mehr, sondern jemanden, der die Einschlafsituation anheimelnd gestaltet. Klappt das gut, möchten vielleicht sogar die Munteren dabei sein. Warum nicht, wenn aus der Mittagsruhe eine Traumstunde wird? So eine Stunde bietet allen Kinder die Chance einer Ruhephase, setzt sie aber nicht unter Schlafdruck. Übrigens können Rituale, die wirklich schön sind und auf die man sich freut, auch von den Kindern erdacht werden. Sie spielen gern Schlaf-Fee oder Sandmännchen.

Bieten die anderen Räume interessante Alternativen, werden die Kinder sich verteilen und ihren persönlichen Interessen nachgehen. Und wenn alle das geboten bekommen, was sie wirklich brauchen, kehrt Ruhe ein, sogar für die Erzieherinnen. Schlaf- und andere Wachen erübrigen sich.

Also: Über Bord mit der Schlafwache, mit einem Stein beschwert, auf dass sie nie wieder auftauche.

SCHULFÄHIGKEIT

Einmal erzählte mir ein Sechsjähriger, dass er in der Vorschule sitzen geblieben sei: nicht schulfähig, zurückgestellt. Der Junge hatte schon das Selbstverständnis: Ich bin ein Versager.

Trotz aller Erkenntnisse über die Unterschiedlichkeit von Lernwegen, Lerntempi und Ausgangsvoraussetzungen, trotz des Anspruchs, die individuellen Besonderheiten jedes Kindes zu berücksichtigen, trotz der Veränderungen bei der Einschulung bleibt Schulfähigkeit eine Marke, die es zu erreichen gilt.

Der Gedanke, dass ein Kind den Anforderungen der Schule zu entsprechen hat, noch bevor es hinein darf, sitzt fest. Das ist kein Wunder, schließlich gibt es diese Sichtweise bereits erheblich länger als die zarte Pflanze des Umdenkens. Wir alle sind damit groß geworden, an einem vorgegebenen »Normalmaßschulkind« gemessen zu werden, und viele können sich nichts Anderes vorstellen. Aber auch diejenigen, die sich sehr wohl etwas Anderes vorstellen und an Veränderungen arbeiten, werden immer wieder mit Schulfähigkeit konfrontiert und zurückgeworfen.

PASSEN SCHULE UND SCHÜLER ZUSAMMEN?

Bisher war es ein scheinbar individuelles Problem, ob ein Kind den schulischen Anforderungen gerecht werden konnte oder nicht. Nachhilfeunterricht boomt. Nun ist es ein öffentliches Problem: Die Lebensumstände der Kinder haben sich geändert. Immer mehr Kinder entsprechen nicht dem von der Schule geforderten Kompetenzprofil. Schule und Schüler passen nicht so recht zusammen.

Hatten es Kinder, auch hoch begabte, die aus dem Rahmen fielen, unter den bestehenden Bedingungen schulischer Organisation und Methodik schon immer schwer, erfolgreich zu sein, so betrifft dies nun ganze Scharen von Schulkindern – in machen Gegenden die überwältigende Mehrheit.

Die Probleme des Schulanfangs potenzieren sich natürlich, die Schere zwischen Leistungserwartungen und Leistungen geht immer weiter auseinander. Das führt zu Aussonderung und am Ende zum Desaster. PISA hat es an den Tag gebracht: Wir leisten es uns, die Ressourcen von fast einem

Stuhlfähig

Gabelfähig

Buchfähig

Schulfähig

Viertel unserer Jugendlichen zu verschenken – eine gesellschaftliche Katastrophe und ein Armutszeugnis für ein reiches Land wie die Bundesrepublik.

SELEKTION UND ELITEFÖRDERUNG ALS ZAUBERWORTE

Das wurde ja nun erkannt. Dumm ist nur, dass die Gegenmaßnahmen nicht etwa auf grundlegende Veränderungen zielen, sondern auf ein Mehr dessen, was sich als falsch erwiesen hat: Auslese, Druck, Leistungsstandards für Schülerinnen und Schüler. Statt sich zu fragen, unter welchen Bildungsbedingungen diese Kinder eine Chance haben, wird noch etwas genauer definiert, wie die Kinder sein und was sie können müssen. Und damit sie bei Schulbeginn möglichst so sind, werden vorschulische (Sprach-)Tests und Trainingsprogramme eingeführt.

Ein Blick nach Skandinavien genügt, um zu sehen, wie mit Vielfalt und Unterschiedlichkeit kindlicher Entwicklungsvoraussetzungen konstruktiv umgegangen werden kann. Auch die Propheten im eigenen Land sollten nach Jahrzehnten erfolgreicher Arbeit endlich gehört werden. Aber nichts da. Im Gegenteil: Selektion und Eliteförderung sind die Zauberworte, die nun auch von den Sozialdemokraten beschworen werden. Simsalabim. Wer hat, der hat, und wer nicht, hat auch, nämlich Pech.

KINDERFÄHIGKEITSPROFIL

So lange der Begriff Schulfähigkeit in den Köpfen dominiert, bleibt (Vor-)Schultraining die Regel, und Kitas haben es schwer, die Ansätze kindzentrierter Pädagogik gegen die Ängste der Eltern weiter auszubauen. So lange nicht von den Kindern aus gedacht wird – und zwar auf allen Seiten: bei Eltern, in Kita und Schule –, so lange wir pädagogischen Erfolg nicht daran messen, dass alle Kinder Erfolgserlebnisse haben und daran wachsen können, so lange bleibt Chancengerechtigkeit durch Bildung ein hohler Spruch.

Wenn wir aber die Verhältnisse vom Kopf auf die Füße stellen und die Ansprüche der Kinder an die Bildungsinstitutionen formulieren, tun sich neue Perspektiven auf. Es geht dann zum Beispiel verstärkt darum, dass sich Erzieherinnen und Lehrerinnen miteinander, aber auch mit Kindern und Eltern darüber verständigen, wie der Übergang zwischen Kita und Schule sinnvoll vorbereitet werden kann, damit nicht nur der Schulstart ein positives, aufregendes Erlebnis ist.

Wenn ich drei Wünsche frei hätte, so wäre einer, dass wir grundsätzlich in Kategorien der Kinderfähigkeit denken und dass nicht nur die engagiertesten, sondern alle Pädagogen ihre Handlungen und Methoden daran ausrichten, was die Kinder brauchen, mit denen sie es zu tun haben. Ich würde das unsägliche Schulfähigkeitsprofil ersetzen durch ein Kinderfähigkeitsprofil, das alle Bildungsinstitutionen, aber auch andere öffentliche Einrichtungen zu erfüllen haben.

Vielleicht schaffen wir es mit vereinten Kräften aus Kita und Schule, diesen Wunsch auch ohne gute Fee zu erfüllen. Es gibt schließlich in beiden Arbeitsfeldern interessante Ansätze für Erneuerung, viel Engagement und wertvolle Erfahrungen. Und wie heißt es bei Goethe: »Unsere Wünsche sind die Vorboten der Fähigkeiten, die in uns liegen, der Dinge, die wir zu leisten imstande sein werden.« Beginnen wir, solche Wünsche mit neuen Begriffen in die Tat umzusetzen, versenken wir die alten.

SCHWÄCHEN

Keine Stärken ohne Schwächen. In unserem Sprachgebrauch scheint das Eine nicht ohne das Andere auszukommen. Sich einfach nur an Stärken zu freuen ist verpönt, sie müssen sofort durch Schwächen relativiert werden. Was ist da los?

Warum tun wir uns so schwer damit, uns von dem Begriff »Schwächen« zu verabschieden? Warum können wir nicht bei uns selbst oder bei anderen erkennen, welche Ressourcen vorhanden sind, und sie nutzen? Was wird überhaupt als Schwäche bezeichnet, was haben wir im Kopf, wenn wir diesen Begriff gebrauchen?

ETWAS (NOCH) NICHT ZU BEHERRSCHEN?

Das liegt in der Natur der Sache. Kein Mensch kann alles und alles sofort. Aber er kann alles lernen – wenn er das will, wenn es ihm wichtig ist. Kinder bauen von Tag zu Tag ihr Wissen und Können aus, weil und wenn sie es wollen. Unentwegt. Mit Hingabe. Ist das nicht wunderbar und anerkennenswert?

FEHLER ZU MACHEN?

Aus Fehlern wird man klug, hat schon meine Großmutter gesagt. Sie sind das Durchgangsstadium zur Erkenntnis, sagt Reinhard Kahl im »Lob des Fehlers«. Warum also sollen Fehler als Schwächen diskreditiert werden, statt sich an ihnen zu freuen, weil sie den Weg zu Lösungen weisen? »Trial and error« heißt das Verfahren, in dem Kinder ihre Versuche unternehmen, ihre Erkenntnisse gewinnen und ihre Fähigkeiten ausbauen.

Ich wünsche mir, dass wir eine Fehlerkultur entwickeln, die das unterstützt – auch bei uns Erwachsenen. Die Angst vor Fehlern hindert uns oft genug daran, mutig Neues zu probieren.

NICHT PERFEKT ZU SEIN?

Ist Perfektion wirklich anzustreben? Mir sind perfekte Menschen eher unheimlich. Sie verweisen mich darauf, dass mir nicht alles gelingt und ich nicht alles schaffe, obwohl ich mich bemühe.

Das Kind sieht ja ganz fit aus...
...aber mit meiner neuen Defizit-Brille erkenn' ich seine Schwächen sofort!

SICH SELBST GERN DARZUSTELLEN?

Ist Selbstdarstellung eine Schwäche? Wenn ich mir anschaue, wie schwer es zum Beispiel Erzieherinnen fällt, zu zeigen, was sie können, und sich interessant zu machen, dann ist die Freude an der Selbstdarstellung aus meiner Sicht entschieden zu schwach ausgebildet. Wie oft wird Erfolgsbilanz gezogen, wie oft mit Stolz die eigene oder gemeinsame Leistung präsentiert? Genau!

BESONDERE PERSÖNLICHE EIGENSCHAFTEN?

Vielleicht ist jemand schüchtern, zurückhaltend oder langsam. Solche Menschen sind meist besonders liebenswert, oft einfühlsam und lassen anderen Raum. Was ist also ihre Schwäche, die es zu überwinden gilt? Woran misst sich das? Leiden sie selbst darunter? Oder ist es eher so, dass Anderes von ihnen erwartet wird?

Ist Langsamkeit eine Schwäche? Oder eher eine wunderbare Art des Seins? Vielleicht ist sie unerträglich? Aber für wen?

Ab wann ist Ungeduld eine Schwäche? Ich zum Beispiel bin sehr ungeduldig. Muss ich daran arbeiten? Oder ist das manchmal vielleicht ganz produktiv?

WELCHE SCHWÄCHEN GIBT ES NOCH?

Ach ja – manche Menschen haben ein Handicap. Aber ausgerechnet darin eine Schwäche zu erkennen, das entspricht nicht meiner Vorstellung. Integration als (gnädige) Einbindung von »Schwachen« in den Kreis der »Starken«? So bitte nicht.

Gerade in der Wahrnehmung von Unterschiedlichkeit und unterschiedlichen Voraussetzungen liegt die Chance, alle Menschen als gleichwertig anzuerkennen. Gleichwertig heißt nicht gleichartig. Nichtaussonderung bedeutet auch, zu sehen, was jeder Einzelne beizutragen hat. Nur gemeinsam sind wir stark.

Wie das Stärken-Schwächen-Modell zusammenpasst mit Akzeptanz von Verschiedenheit und individueller Besonderheit bleibt mir ein Rätsel. Respekt und Achtung vor den Einzelnen, so wie sie sind, schließt aus meiner Sicht die Kategorisierung in Stärken und Schwächen aus.

WORUM GEHT ES BEI SCHWÄCHEN UND STÄRKEN?

Offensichtlich ist die Stärken-Schwächen-Analyse ein schwieriges Feld und kann nur im Verhältnis zu einem bestimmten Maßstab definiert werden. Die Frage ist, wer den Maßstab setzt. Setze ich ihn selbst? Messe ich mich an meiner Idealvorstellung?

An meinen Zielen, also daran, wie ich sein oder werden will? Oder wird der Maßstab von außen gesetzt? Das Letztere scheint doch nahe zu liegen.

Wer aber sagt mir, welche Stärken und Schwächen ich habe? Wer bestimmt, was aus- und was abgebaut werden soll? Gibt es allgemeingültige Maßstäbe? Welche sind das? Die fernen Kompetenzziele?

Den Begriff »Schwächen« kenne ich – mal von Herz- oder Blasenschwäche abgesehen – vor allem aus der Schule: Leistungsschwäche, Lernschwäche, Konzentrationsschwäche, Lese-Rechtschreibschwäche, Schwächen in bestimmten Fächern… Schwächen werden schlecht benotet und müssen per Nachhilfe beseitigt werden. Schwach ist immer der Einzelne, daher wird am Einzelnen herumrepariert – koste es, was es wolle. »Schwache« Schüler werden gnadenlos ausgesondert.

Neuerdings haben Schwächen auch in der Kita wieder Konjunktur. Nach PISA werden die Defizitkinder gesucht und bearbeitet, Checklisten sind im Umlauf, Erzieherinnen spüren akribisch den Entwicklungsstand einzelner Kinder und vor allem mögliche Mängel auf. Die dahinter liegende Absicht ist sicher ehrenwert, geht es doch um individuelle Förderung, unter anderem, damit die Kinder einen guten Start in der Schule haben. Was Kinder für Höchstleistungen erbringen, indem sie sich zum Beispiel ihre Muttersprache und eine weitere Sprache aneignen, das wird dabei nicht gesehen, sondern nur das, was sie noch nicht perfekt beherrschen. Und leider werden wieder nur die Kinder gemessen und bewertet, eingeteilt und – wenn als schwach erkannt – »in die Reparatur gegeben«. Überprüft wird nicht der Kontext, in dem sie ihre Kompetenzen entfalten, nicht die Schwachstellen im Umfeld geraten ins Visier, sondern das defizitäre Kind.

Besteht nicht die Gefahr, dass Schwächen durch Maßnahmen, die zu ihrer Beseitigung eingesetzt werden, und die oft damit verbundene Stigmatisierung verstärkt werden? »Du bist nicht gut genug, du brauchst Sonderförderung«, hören Kinder. Sollte es nicht besser darum gehen, sie in ihrem Selbstvertrauen zu stärken und ihre Lebens- und Lernfreude anzuregen, um die Basis für Entwicklung zu schaffen? Sprachförderung im Alltag – einschließlich der Achtung und Förderung der Muttersprachen – wäre eine wirksame Alternative.

ZUVERSICHT UND ZUSPRUCH

Wenn ein Kind auf die Welt kommt, weiß es nichts von unseren Vorstellungen über Stärken und Schwächen. Es ist neugierig und traut sich an alles heran – auch an die Überwindung seiner Grenzen. Und die begegnen ihm jeden Tag. Misserfolge gehören dazu, nichts klappt auf Anhieb.

Was für eine Leistung, unverdrossen daran zu arbeiten, die eigenen Grenzen auszudehnen und nicht aufzugeben! Das Kind hat einen inneren Motor, der es treibt, es will weiter kommen, es will können, was es noch nicht kann, es will groß und stark werden – und es glaubt zunächst fest daran, dass das möglich ist.

Aber dann kommen wir mit unseren Bewertungen: Das kannst du (schon), da bist du stark; das kannst du (noch) nicht, da bist du schwach, da musst du dich mehr anstrengen – gemessen an einem Normkind, Zielkind, Sollkind. Oder woran sonst?

Nun reflektiert das Kind sich selbst in den Bewertungen der Anderen, es vergleicht und macht sich ein Bild von dieser Welt und sich selbst darin: Wie stark oder schwach bin ich? Je nachdem, wie die Rückmeldungen ausfallen und welche Erfolge das Kind einfahren kann, wird es mutig bleiben oder (mehr oder weniger) verzagen. Ein mutiges Kind aber braucht Herausforderungen und Erfolge, das Vertrauen in seine schlummernden Fähigkeiten, in den Reichtum seiner Möglichkeiten, Zuversicht und Zuspruch statt Verweis auf Schwächen. Dann wird es sich auch weiterhin daran machen, seine Grenzen zu überwinden.

Wenn schon lebenslanges Lernen, dann bedeutet das eben auch, lebenslanges Lernen aus Fehlern, lebenslange Überwindung von Hemmungen, lebenslanges Wachsen an Herausforderungen, lebenslange Entwicklungsmöglichkeiten, lebenslange Entscheidung darüber, was für mich bedeutsam ist und den Einsatz lohnt – lebenslange Veränderungswünsche eben.

Schwächen schwächen nur. Deshalb sollten wir den Begriff versenken.

TOLERANZ

Wie bitte? Nun wird sogar ein »Gutwort« versenkt? Ein positiv besetzter Begriff, der von seinem Ursprung her tatsächlich eine bessere Welt verhieß: Meinungsfreiheit, Gedankenfreiheit, individuelle Freiheit überhaupt. Sie sollte erkämpft und verteidigt werden.

Doch was ist von dieser Substanz geblieben?

Toleranz meint heute wohl eher: Soll doch jeder nach seiner Fasson selig werden.

Schön wär's, wenn das so einfach ginge. Paradiesisch geradezu. Aber so ist es nicht.

Nicht nur, dass in dieser Welt keineswegs jeder selig werden kann, schon gar nicht nach eigener Fasson. Und seines Glückes Schmied? Hört sich gut an, und sicher kann jeder selber schmieden. Aber nur, wenn Hammer und Amboss vorhanden.

TOLL? NEIN, RANZIG…

Ich stand mit »Toleranz« schon immer auf Kriegsfuß. Fand den Begriff labberig wie einen laschen Händedruck. Ich glaube, ich habe ihn nicht benutzt – außer, um für einen bewussteren Umgang damit zu streiten. Nichts gegen eine differenzierte Sichtweise und das Abwägen von Argumenten und Interessen. Aber das ist doch etwas anderes. Oder?

Toleranz, die alles laufen lässt und sich nicht zuständig fühlt (Hauptsache, mir geht es gut.), stört mich gewaltig. Diese Art begegnet mir häufig und wird mir zudem als soziale Kompetenz verkauft. Harmonie (oder zumindest der Schein) steht im Vordergrund. Um nur ja keine Auseinandersetzung zu provozieren, wird lieber alles toleriert. Jedenfalls unter Kolleginnen oder in Liebesbeziehungen.

Toleranz klingt nach weggucken. Nach sich raushalten, keine Position beziehen, möglichst nicht (an-) greifbar sein. Solche Toleranz ist schlimmer als klare Worte und Streit. Sie ist besonders schlimm, wenn sie

Vor lauter "tolerant" wird
mir ganz blümerant!

Respektlosigkeiten und Grenzüberschreitungen begünstigt. Und davon gibt es bekanntlich besonders gegenüber Kindern reichlich.

Ich möchte nicht alles tolerieren. Nicht Eltern, die ihre Kinder anschreien, nicht Männer, die Frauen schlagen, nicht Pädagogen, die Kinder gängeln. Ich möchte nicht tolerieren, wer seine Macht missbraucht.

Der ursprünglich kämpferische, politisch fortschrittliche Inhalt des Toleranzbegriffs ist inzwischen ziemlich aufgeweicht und irgendwie ranzig geworden. Er hat seine Substanz verloren.

NULL TOLERANZ FÜR KINDER

Merkwürdigerweise (oder auch gar nicht merkwürdig) wird Toleranz gegenüber Kindern eher selten geübt. Wenn, dann als Gleichgültigkeit. Ansonsten ist ja besonders in letzter Zeit wieder reichlich die Rede davon, dass Kindern ihre Grenzen gezeigt werden müssen.

Das ist sicherlich richtig. Auch Kindern gegenüber muss deutlich gemacht werden, was wir warum nicht dulden. Allerdings ist das nur glaubwürdig, wenn wir gegenüber Erwachsenen genauso mutig sind. Aber daran hapert es, nicht nur in Gefahrensituationen. Es gibt sogar ein pädagogisches Dogma: Niemals im Beisein von Kindern Kritik an einer Kollegin üben! Immer erst hinterher darüber sprechen. Sonst spielen die Kinder uns gegeneinander aus. Oder sie sind irritiert.

Na, hoffentlich sind sie das! Ich möchte, dass sie Solidarität erfahren, erleben, dass es Erwachsene gibt, die sich für sie einsetzen, sie beschützen, sich deswegen mit anderen Erwachsenen anlegen. Wenn sie uns nicht als mächtige, einheitliche Front erleben – umso besser.

Habe ich deutlich machen können, was mir an dem Begriff »Toleranz« so versenkenswert erscheint?

WER TOLERIERT WEN?

Es gibt noch einen anderen Aspekt, der mir erst ins Bewusstsein getreten ist, seit ich mit »Vorurteilsbewusster Erziehung«[1] konfrontiert wurde: Toleranz ist ein Duldungsbegriff.

Toleranz klingt nach Großzügigkeit. Wir sind ja sooo tolerant! Es stört uns nicht, dass Ihr anders seid.

Obwohl – das müssen wir uns schon noch überlegen. Wenn's enger wird, ist Schluss.

Toleranz ist was für sonnige Zeiten.

Daran wird sichtbar, dass Toleranz ein Machtgefälle voraussetzt. Tolerant kann nur sein, wer überlegen ist. Die Frage ist also immer: Wer toleriert hier wen?

Toleranz wird gewährt oder entzogen. Mehrheiten tolerieren Minderheiten, die Hiesigen die Fremden. Oder eben nicht.

Tolerant kann nur sein, wer am längeren Hebel sitzt. Die Tolerierten sind froh und dankbar (gefälligst). Aber wenn es hart auf hart kommt, wird deutlich, wie wenig Toleranz mit den hehren Ansprüchen zu tun hat, die sie vor sich her trägt.

Ab in die Tonne mit der Toleranz. Steine rein, Deckel drauf und über Bord geschmissen.

Fischen wir uns statt dessen ein anderes Miteinander, eines von Respekt und klaren Worten.

Und weil es gerade so schön passt, zum Schluss noch ein Zitat vom alten Goethe: »Toleranz sollte eigentlich nur eine vorübergehende Gesinnung sein, sie muss zur Anerkennung führen.« Na bitte!

---

[1] Siehe dazu: 2016 und 2018 erschienen bei **wamiki** sechs Bücher zum Thema neu:
1_ Die Zusammenarbeit mit Eltern vorurteilsbewusst gestalten
2_ Die Lernumgebung vorurteilsbewusst gestalten
3_ Die Interaktion mit Kindern vorurteilsbewusst gestalten
4_ Die Zusammenarbeit im Team vorurteilsbewusst gestalten
5_ Die Kita vorurteilsbewusst leiten
6_ Lernprozesse zur Vorurteilsbewussten Bildung und Erziehung begleiten: Ein Methodenbuch.

Mehr auf: www.wamiki.de/shop

U3

In den letzten Jahren wurde ich mehrfach gebeten, etwas zum Thema „U3“ beizutragen.

U3? Ich bin doch keine Expertin für den öffentlichen Nahverkehr. Aber als Berlinerin kenne ich mich natürlich trotzdem halbwegs aus: Die U3 ist eine U-Bahnlinie in Berlin. Wer von der City West zur Freien Universität fahren will, nimmt die U3, also die Studentenbahn für alle Ü 20: vom preiswerten WG-Kietz in Schöneberg ins feine Dahlem.

Die U3-Strecke vom Nollendorfplatz zur Krummen Lanke ist im Vergleich mit anderen Linien, die quer durch die ganze Stadt führen, nur kurz. Dafür fährt der Zug aber ein Stück über der Erde. Also halb U-, halb Ü-Bahn. U3 meint gar keine U-Bahn? Was dann? Die dritte Parkebene im Untergeschoss? Einen U-Boot-Typ? Auch nicht?

Ach, so! Es geht um Betreuungsplätze für Kinder unter Drei. Eines der aktuellen Modethemen, seit Frau von der Leyen den Ausbau der Krippenplätze auf die Agenda setzte, und ein endlos langer Begriff. Darum muss man kürzen: U3.

WARUM EIGENTLICH »UNTER DREI«?

Warum nicht Kinder von Null bis Drei? Das wäre korrekter. Wenn vorsichtshalber nur Kinder ab Zwei aufgenommen werden, wäre Ü2 präziser. Doch U3 hat wohl einen anderen Bezugspunkt: den so genannten Regelkindergarten. „Drei“ war bisher die magische Zahl für die Aufnahme. Jedenfalls in den Flächenländern im Westen. Diese Zahl wurde nun aufgegeben, was in manchen Regionen Panik auslöste. Windelträger in der Kita? Kinder, die noch nicht laufen und nicht in ganzen Sätzen sprechen? „Hilfe, die Kleinen kommen“ – so wurden Fortbildungsveranstaltungen und Fachartikel übertitelt. Wer bereits Kinder ab Zwei – also Ü2, aber U3 – aufgenommen hatte, teilte die Ängste nicht, sondern musste auf U2 warten. Richtig dramatisch wurde es aber erst bei U1 und besonders bei U0. Die alte Rabenmutter-Debatte brach wieder los, und das Rätselraten begann, ob man U2 und U3 mit U4 und U5 zusammenstecken kann. Nester für U-Kinder diverser Couleur haben seitdem Hochkonjunktur. Die Grenze zwischen

U3
Mich erfüllte es mit Stolz, dass man meiner Altersgruppe hier so große Schilder widmete ...

U3 und Ü3 ist eine Sache der Gewohnheit, die verwaltungstechnische Wurzeln hat. Wäre es in Deutschland-West selbstverständlich gewesen, Kindern ab Null einen Betreuungsplatz zu bieten, gäbe es die magische Zahl in den Köpfen nicht, weil es sie in den Erfahrungen nicht gäbe. Doch auch in Deutschland-Ost wurde zwischen U3 und Ü3 unterschieden. U3 kam in die Krippe, Ü3 in den Kindergarten. Bis in die Ausbildungen hinein dominierte diese Unterscheidung. Hier wie dort wurde bei U3 vor allem auf Gesundheit und Nähe geachtet, bei Ü3 auf Bildung.

Das ist nun Geschichte.

BILDUNG BEGINNT BEI ÜGEBURT

Sie bleibt lebenslang Thema. Immerhin zeigte sich schnell, dass die Grenzlinie nicht zwischen U3 und Ü3 verläuft. Jedenfalls nicht bei den Kindern.

Denn bei einem knapp U3-jährigen und einem knapp Ü3jährigen sind wahrscheinlich mehr Gemeinsamkeiten zu erkennen als be einem U1/2- und einem U2-jähigen. Ob Liegen, Krabbeln oder Laufen möglich ist, das macht schon was aus für den Bewegungsradius, die Wahrnehmungs- wie Aktionsmöglichkeiten und die Unabhängigkeit der Kinder.

Apropos Unabhängigkeit: Gibt es eigentlich Parallelen zwischen U-Bahnen und U3-Kindern? Aber sicher! Es gibt Streckenpläne und Fahrpläne, es gibt jemanden, der einen abholt und hinbringt, der bestimmt, wann die Türen geöffnet und geschlossen werden, wann gefahren wird, wie man sich zu benehmen und im Ernstfall zu verhalten hat. Grundsätzlich ist den Anweisungen des Personals Folge zu leisten. Das Personal weiß auch, wann jemand zurückbleiben muss und als zurückgeblieben gilt. Was noch? U3-Kinder müssen in der U-Bahn nicht bezahlen. Das gilt sogar bis U6, soweit ich weiß.

In der Wirklichkeit begegnen sich Kinder und Bahnen, wenn Ausflüge geplant sind. Doch mit U3jährigen trauen sich Erzieherinnen das selten. Sie setzen auf Schutz und Nähe. Deshalb bauen sie lieber Nester, als auszufliegen. Im nächsten Jahr veranstalte ich mit einer Kollegin ein Seminar „Ü50“. Ein paar Frauen, die davon hörten, bedauern, dass sie noch U50 sind. Darum überlegen wir, das Angebot zu erweitern: für Ü40 und U40. Wahrscheinlich lassen wir auch U30 und U20 zu. Schließlich wollen wir die Berufsanfängerinnen nicht ausschließen. Aber was ist mit Ü60 und Ü70 – so fit, wie die Mädels heutzutage sind? Sie sind doch viel zu schade für die Seniorenresidenz.

Fazit: Von U3 bis Ü70 wird alles versenkt. Nur die U-Bahn darf weiterfahren.

VERGLEICHSARBEITEN

Welche Arbeiten werden denn da verglichen? Die von verschiedenen Kfz-Werkstätten? Oder die Sanierungskünste von Zahnärzten? Mitnichten.

Vergleichsarbeiten – das ist ein Wort aus der pädagogischen Alltagssprache. Und eine Erfahrung aus dem Alltagsleben von Kindern.

Vergleichsarbeiten – ein Begriff, den wir vor allem aus der Schule kennen. Mit solchen Vergleichen werden die Schülerleistungen überprüft; es geht um Fehlersuche und Bewertung. Die Bewertung orientiert sich an vorgegebenen Maßstäben. Schülerinnen und Schüler werden in ein Gesamtspektrum eingeordnet. Zuweilen geht es auch um die Feststellung des Leistungsdurchschnitts, siehe PISA.

Im Moment haben Leistungsvergleiche Hochkonjunktur – wider besseres Wissen. Denn die inquisitorische Verfolgung von Fehlern, Benotungen oder gar Aussonderung führen nachweislich nicht zur Leistungssteigerung, sondern im Gegenteil zu Demotivation und Verlust an Selbstwertgefühl.

MALT UND BASTELT ORDENTLICH!

Vergleichsarbeiten gibt es auch in der Kita. Im Vorgriff – oft auch Vorbereitung genannt – auf die Schule, erfüllen sie eine ähnliche Funktion, allerdings ohne klar definierte Maßstäbe und ausdrücklich benannte Absichten. Ihre Wirkung ist ähnlich fatal. Vergleichsarbeiten hängen öffentlich aus. In Reih und Glied werden sie irgendwo angepinnt, mit Reißzwecken an der Infowand, mit Wäscheklammern an einer Leine oder mit Tesafilm an den Fenstern, mit Namen versehen. Sie ermöglichen es Eltern und allen anderen Interessierten, sich darüber zu informieren, ob und wie die Kinder eine vorgegebene Aufgabe erfüllt haben.

Oft finde ich Vergleichsarbeiten als Arbeitsblätter mit vorgezeichneten Figuren; Maikäfer, Clowns und Tannenbäume sind sehr beliebt. Diese Figuren werden von den Kindern mehr oder weniger säuberlich ausgemalt. Manchmal sogar mit selbst gewählten Farben...

Das ist das Werk eines Anarchisten!
Merken Sie sich den Namen!!!
..schon notiert, Chef..

Eine andere Variante: Bastelarbeit nach Schablone. Auch hier gibt es Favoriten. Im Frühling sind es wieder die Maikäfer, im Winter Schneemänner. Sie kleben und baumeln überall dort, wo Kinder ihr Leben in Institutionen verbringen. Schon von weitem erkennt man das.

Nein, nicht überall. Nur dort, wo die verantwortlichen Erwachsenen glauben, dass sie Kinder feinmotorisch fördern und intellektuell weiterbringen, wenn sie derartige Aufträge erteilen.

Eltern – darauf getrimmt, solche Produkte als Beweis dafür zu nehmen, dass ihre Kinder etwas erlebt, »gemacht« und dabei gelernt haben – schauen denn auch entsprechend kritisch hin: Hat Laura oder Paul auch schön ordentlich ausgemalt?

Dies wiederum führt dazu, dass Erzieherinnen den Kindern schon mal die Hand führen oder etwas »nachschneiden«. Und vor allem nicht durchgehen lassen, wenn ein Kind so ein »Angebot« partout nicht annehmen will.

DIE WOLLEN DAS SO!

Kaum zu glauben, aber auch nach jahrelangen Qualitätsdebatten und Bildungsdiskussionen ist diese Form der pädagogischen Arbeit nicht ausgestorben. Obwohl wir längst wissen, dass Kinder mehr und andere Anregungen brauchen, damit ihre Neugier ausreichend Futter findet. Obwohl es mittlerweile reichlich Lektüre und Filme zum Thema »Die Welt erkunden« gibt. Obwohl die Kreativität und Unterschiedlichkeit der Kinder Impulse, Raum und Gelegenheiten erhalten sollen – alles in den neuen Bildungsprogrammen definiert –, kann diese einfältige Pädagogik überleben.

Versuche, Veränderungen anzustoßen und den Kindern anspruchsvollere Aufgaben zu bieten, an denen sie wachsen und ihre Grenzen testen können, lösen (Wollen wir wetten?) Hinweise auf die Eltern aus: »Die wollen das so.«

Klar. Siehe oben. Woher sollen sie etwas Anderes kennen? Sie sind schließlich nicht die Professionellen, sondern wir. Oder?

NOCH FRAGEN?

Professionell ist es, sich in die Perspektive der Kinder zu begeben und sich zu fragen: Welche Bedeutung hat ein Tun und sein Ergebnis für sie?

Was bedeutet es, auf Geheiß eine stumpfsinnige Mal-oder Schnippelarbeit ausführen zu müssen, statt eigene Spielideen verwirklichen und interessante Experimente durchführen zu können? Was für Gefühle löst es aus, sich mit dem ungeliebten Produkt später auch noch am Pranger wiederzufinden, den Bewertungen der Erwachsenen und anderer Kinder ausgesetzt? Welche Herausforderung steckt in solchen Vergleichsarbeiten? Außer der einen: durchhalten.

Welche Kompetenzen können dabei entfaltet werden? Außer der Duckmäuserkompetenz, brav zu sein und zu tun, was die Erwachsenen verlangen – egal, wie unsinnig es ist.

Welche zukunftsweisenden persönlichen Fähigkeiten werden gefördert?

Noch Fragen? Na also.

Vielleicht wäre es sinnvoll, den Begriff »Vergleichsarbeiten« auf die Professionellen in Kitas und Schulen anzuwenden. Da gäbe es reichlich Unterschiede, die auf unterschiedlichste Kompetenzen schließen lassen.

Zum Glück sind die oben geschilderten Vergleichs-Szenarien nicht mehr so häufig zu finden wie vor Jahren. Was nichts bringt, sondern nur schadet, verschwand in so manchem Dorfteich oder städtischem Gewässer. Recht so.

VERHALTENSAUFFÄLLIG

Aha, da haben wir wieder ein verhaltensauffälliges Kind. Wodurch fällt es auf?

Es rennt und hampelt, sitzt nie still, ist hyperaktiv. Es haut andere Kinder, schubst und beißt, ist aggressiv. Es will immer Bestimmer sein. Es kann sich nicht konzentrieren. Es will beim Morgenkreis nicht mitmachen, sondern immer nur bauen, Fußball spielen oder... Es fordert ständige Beachtung, ist distanzlos. Es spielt den Kasper, will immer im Mittelpunkt stehen.

Zunächst einmal: Der Begriff »verhaltensauffällig« trifft zu. Das Kind fällt durch sein Verhalten auf. Es fällt in irgendeiner Weise aus dem Rahmen, verhält sich anders als gewohnt oder üblich.

Für sich genommen wäre das ja kein Makel. Anders zu sein als andere, etwas Besonderes zu tun oder aufzufallen, das könnte ja auch zur Konsequenz haben, besonders beachtet und anerkannt zu werden. Doch diesen Klang hat der Begriff »verhaltensauffällig« eher nicht. Wenn ein Kind als »auffällig« bezeichnet wird, dann meint das fast immer: Es ist »gestört«.

Ob es wirklich gestört ist oder eher gestört wird – dieser Frage wird selten weiter nachgegangen. Abweichendes Verhalten stört und soll abgestellt werden. Deshalb sucht man schnell nach Ursachen. Am Liebsten in der Familie. Typische Erklärungsmuster:

- Die Eltern setzen keine Grenzen.
- Die Eltern erwarten zu viel und setzen ihr Kind unter Leistungsdruck.
- Die Eltern sind extrem ängstlich.
- Die Eltern trennen sich gerade.
- Die Eltern kümmern sich vorwiegend um das jüngere Geschwisterkind.
- Die Eltern haben kein Interesse an ihrem Kind und parken es vorm Fernseher. Es bleibt zu lange in der Kita, ist morgens das erste und abends das letzte Kind. Es wird mit Konsum überschüttet, aber Zuwendung ist Mangelware.

Guckuck!
wie es in den Wald hineinschallt…
… so schallt es heraus!

- Die Mutter ist völlig überfordert.
- Die Mutter ist alleinerziehend.
- Die häuslichen Verhältnisse sind beengt, von Gewalt geprägt oder…
- Kein Wunder, wenn das Kind verhaltensauffällig ist.

DER DRUCK NIMMT ZU

Solchen Aussagen liegen häufig Vorstellungen über Familie und »richtiges« Elternverhalten zugrunde, die sich am idyllischen Bild der traditionellen mittelständischen Kleinfamilie orientieren. Diesem Bild entsprechen immer weniger Familien.

Die Frage nach der Lebenssituation des Kindes in seiner Familie, nach der Situation der Familie überhaupt ist zweifellos wichtig. Doch reicht es, die häuslichen Bedingungen unter die Lupe zu nehmen, um das Verhalten von Kindern zu entschlüsseln? Wohl kaum. Übliche Konsequenzen:

Das Kind wird ermahnt, reglementiert, manipuliert, »sanft« gezwungen, ruhig gestellt, bestraft, abgesondert … Dauerkonflikte und Dauerbelastungen bleiben in aller Regel erhalten.

Eltern werden zum Gespräch gebeten. Es wird ihnen ein Besuch beim Therapeuten, beim Kinderarzt oder bei der Familienberatung empfohlen. Sie bekommen ein schlechtes Gewissen, weil ihr Kind nicht so funktioniert, wie es soll. Sie machen sich Sorgen, geraten unter Druck und erhöhen den Druck auf das Kind.

Häufige Vermutung: ADHS. Erleichterung, wenn das bestätigt und mit Pillen behandelt wird.

Jetzt weiß man endlich, was mit dem Kind ist. Es ist krank.

AKZEPTANZ VON DIFFERENZ? FEHLANZEIGE

Auffallend bei den üblichen Beschreibungen und Interpretationen: Vor allem Jungen bekommen den Stempel »verhaltensauffällig«. Ihre ausladenden Spiele, ihre lautstarke Präsenz, ihr Übermut, ihre Lust am Kräfte-Messen und ihre überhaupt schwer zu bändigenden Kräfte sind für viele Frauen befremdlich. Männern hingegen fällt das weniger unangenehm auf, denn sie erinnern sich…

Auffallend ist auch: Lautstärke und Bewegungsfreude sind eher ein Grund für pädagogische Besorgnis als leises Elend. Das fällt weniger auf.

Und daran fällt auf: Nicht die Not eines Kindes steht im Zentrum der Aufmerksamkeit. Nicht das Problem, das es hat, führt zu weiteren Überlegungen, sondern das Problem, das es macht. Erwachsene machen sich vor allem dann Sorgen, wenn ein Kind von der Norm abweicht, wenn womöglich »etwas nicht stimmt« und deshalb besondere Förderung notwendig wird.

Übrigens: Auch Erwachsene, die aus dem Rahmen fallen, bekommen schnell einen Stempel verpasst.

Die Bereitschaft zur Akzeptanz von Differenz ist trotz wachsender Individualisierung und Vielfalt von Lebensformen noch immer nicht sehr ausgeprägt. Warum sollte das in der Kita anders sein? Sollte es? Es sollte.

WAS IST UNSER PART?

Professionelle Pädagoginnen und Berater sind sich meistens einig. Selten kommen Zweifel auf. Doch vermeintliche Gewissheiten in Frage zu stellen ist ein Schlüssel zum Verstehen.

Ein weiterer Schlüssel liegt darin, in Beziehung zum Kind zu gehen und ein dritter in der kritischen Frage nach der eigenen Wahrnehmung und Interpretation.

Wenn wir Kinder wirklich in ihrer Entwicklung unterstützen wollen, müssen wir uns auf sie einlassen, genau hinschauen, zuhören und nachfragen. Wir müssen ihre Verhaltensweisen als das sehen, was sie sind: ihre individuellen Antworten auf die Umstände ihres Lebens. Wir müssen ihre Signale zu verstehen suchen, um angemessen reagieren zu können.

Wir dürfen den Blick dabei nicht allein auf das Kind und sein familiäres Umfeld richten, sondern auch und vor allem auf seine Situation und die Bedingungen in der Kita:

- Wo ist die Not des Kindes? Was bewegt das Kind? Welche Gefühle können wir erkennen?

- Fühlt es sich eventuell in seinem Tun gestört? Kann es seine Spiele oder Forschungen in Ruhe zu Ende führen? Findet es die Dinge vor, die es interessieren? Findet es genügend Herausforderungen in der Kita, die seine Neugier befriedigen oder wecken?

- Anders geschaut: Was ist an diesem Kind besonders liebenswert? Durch welche Fähigkeiten und Interessen fällt es besonders auf? Und: Was ist mein Anteil daran, dass die Beziehung zu diesem Kind schwierig ist? Was stört mich? Zugespitzt: Wo liegen meine, unsere Verhaltensalternativen?

Die meisten Kinder verbringen einen großen Teil ihres wachen Lebens in der Kita. Hier machen sie Erfahrungen mit Beziehungen und Strukturen. Hier erleben sie Achtung und Beachtung ihrer Besonderheit – oder auch nicht. Hier machen sie prägende Erfahrungen, die für ihr Selbstbild von Bedeutung sind.

Die Frage ist also vor allem: Was ist unser Part? Was können wir dazu beitragen, dass sich jedes Kind gesehen und geachtet fühlt – so, wie es ist, und nicht so, wie es sein soll, aber leider, leider noch immer nicht ist.

Was können wir tun, um bedenkliche Entwicklungen zu erkennen? Wir müssen uns ernsthaft damit auseinandersetzen, wie Kindern geholfen werden kann, die unglücklich sind, desinteressiert wirken, ständig in Konflikte geraten, ausgegrenzt werden oder deren Entwicklung stagniert.

Und was ist noch bedenklich? Wenn ein Kind den Stempel »verhaltensauffällig« bekommt. Das hilft ihm nicht, es schadet nur. Deshalb lassen Sie uns den Begriff mitsamt der daran hängenden Scheingewissheit an einen dicken Stein binden und über Bord werfen. Platsch...

In der Renaissance-Kita

WACHKINDER

Was fällt Ihnen bei diesem Begriff ein?

Bei mir ist es »Wachkoma«. Das klingt so ähnlich. So etwas darf man nicht denken, sagen oder gar schreiben? Entschuldigung. Ich berufe mich auf Artikel 5 GG: »Eine Zensur findet nicht statt.«

Das Sortiersystem, das hinter diesem Begriff hervorlugt, trägt dazu bei, dass mir so gemeine Sachen einfallen: Während die einen komplett ins Koma versetzt werden, liegen die anderen im Wachkoma. Die einen müssen schlafen, die anderen nur liegen.

FORTSCHRITT IST EINE SCHNECKE

Früher wurde flächendeckend und bis ins Hortalter hinein zwangsgeschlafen. Es hieß: »Augen zu und Hände auf die Decke!« In der verschärften Version: »Alle Kinder liegen mit dem Gesicht zur Wand.« Nur ja nicht zum Fenster, da könnten sie was Interessantes sehen.

Wen wundert's, dass Kinder Schlafen als Strafe erlebten?

Die Erwachsenen waren sich sicher, zu wissen, was für Kinder gut ist: Sie brauchen den Schlaf. Und die Erzieherinnen ihre – gemeinsame – Pause.

Natürlich schliefen auch damals nicht alle Kinder. Schlafen ist eine körpereigene Reaktion, die sich jedem Plan entzieht. Es sei denn, man greift zum Holzhammer oder zu Medikamenten, um jemanden ins künstliche Koma zu versetzen. So weit ist es meines Wissens in Kitas aber nie gekommen. Stattdessen wurde die »Schlafwache« erfunden, die eigentlich eine »Liegewache« oder – besser gesagt – eine »Stillliegewache« ist. Denn schlafende Kinder müssen nicht bewacht werden. Nur Kinder, die herumzappeln, andere stören, aus Langeweile die Tapete von der Wand pulen oder Löcher in die Matratze bohren. Übrigens: Manche Kinder schlafen aus Langeweile oder Resignation tatsächlich irgendwann ein, was als Beweis gilt: »Wenn sie lange genug liegen, schlafen sie auch.«

RUHEZWANG MIT AUSGANG

Allmählich setzte sich die Erkenntnis durch, dass Kinder unterschiedlich sind, auch in

Trickreich: Hängematte als Bewegungs-melder.

ihrem Biorhythmus. Mal abgesehen von unterschiedlichen Lebensumständen.

Manche Kinder werden frühmorgens aus dem Schlaf gerissen, weil die Eltern zur Arbeit müssen, und kommen noch im Halbschlaf in der Kita an. Andere sind nach zwei Stunden so ausgepowert, dass sie nur mit Mühe bis zum Mittagessen durchhalten. Wieder andere bleiben den ganzen Tag über munter und haben keinerlei Schlafbedürfnis, schon gar nicht auf Knopfdruck. Das wurde eingesehen – ein Sieg der kindlichen Individualität! Also: Wer nach einer halben Stunde Herumliegen nicht eingeschlafen ist, darf leise hinausgehen. Schon das hatte allerdings Folgen für die Pausen des Personals.

SCHLAFANALYSEN UND TRAUMRÄUME

Als Nächstes wird die Schlaffrage systematisch angegangen. Kinder werden beobachtet: Wer zeigt wann Ermüdungserscheinungen oder welchen Grad an Munterkeit und Widerstand? Ist das nur hin und wieder zu beobachten oder durchgängig? Das Ergebnis: Manchen Kindern entspricht das mittägliche Schlafen nicht. Traumräume und Traumstunden entstehen.

Die Erwachsenen teilen sich auf. Die Kinder werden aufgeteilt, sortiert nach »Schlafkindern« und »Ruhekindern«[1] oder »Traumkindern«, was irreführend ist, weil die »Schlafmützen«keine Traumkinder zu sein scheinen.

Wer beim Ruhen in Schlaf fällt, wird natürlich nicht gehindert. Aber Ruhe soll für eine bestimmte Zeit herrschen.

BABY ODER GROSS?

Die Liste der Schläfer oder Nichtschläfer hängt zuweilen schon am Eingang aus.

Kein »Schlafkind« mehr zu sein macht stolz. Es bedeutet: Ich bin groß! Nur Babys schlafen. Auch deswegen halten sich manche Kinder mit aller Gewalt wach. In vielen Häusern besteht ein Automatismus.

Wer fünf Jahre alt wird oder in die unverdrossen weiter bestehende »Vorschulgruppe« wechselt, wird automatisch zum »Nichtschläfer«. Was für eine erstaunliche Wortschöpfung!

Ist es nicht kurios, dass erst die Erzieherinnen das Nichtschlafen attraktiv machen? Statt schlafen oder nicht schlafen das Normalste von der Welt sein zu lassen.

WACHWACHE STATT SCHLAFWACHE

Ruhen auf Kommando ist so wenig jedes Kinds Sache wie Schlafen auf Befehl.

Mag der Traumraum auch mit Lichtspielen locken – es gibt immer noch reichlich Kinder, die andere Bedürfnisse haben. Man sucht nach Alternativen, und eine dritte Kategorie kommt hinzu: die Wachkinder. Im guten Fall haben sie die Wahl, nach dem

Mittagessen rauszugehen, in den Sportraum, ins Atelier oder in andere Räume, in denen niemand schläft. Die Erwachsenen lassen sie in Ruhe, statt sie zur Ruhe zu zwingen. Sie vertrauen ihnen.

Falls sie unbeobachtetes Spiel nicht zulassen können oder es den Kindern nicht zutrauen, verteilen sie sich im Haus. Pausen sind dann natürlich nur noch versetzt möglich. Wie schade!

Aber Selbstbestimmungsrechte der Kinder hängen nun mal mit der Bereitschaft zusammen, diese Rechte durch eigenen Einsatz zu sichern.

WACHE ERZIEHERINNEN …

Doch es gibt sie, die flexiblen Strukturen, die differenzierten Räume und die Kolleginnen, die dafür verantwortlich zeichnen. Sie trauen Kindern zu, selbst zu entscheiden, was gut für sie ist. Sie wissen, dass Kinder nicht nur unterschiedlich sind, sondern auch nicht jeden Tag in gleicher Form. Genau wie wir. Mal brauchen sie Bewegung, mal Ruhe, mal in der Frühe, mal mittags, mal zwischendrin. Mal sind sie Schlafmützen, mal hellwach, mal möchten sie träumen, mal kuscheln.

Das ist dort möglich, wo Nischen und Höhlen, Sofas oder Hängematten zur individuellen Auszeit einladen – den ganzen Tag lang. Die Gelegenheit, mal einzuduseln, ohne gleich wieder zum »Schlafkind« zu werden, wird gerade von »Wachkindern« gern genutzt.

… UND WACHE KINDER

Was ist jetzt mit dem Begriff? Ich bin fürs Versenken der Vorsilbe »wach«.

Das reicht. Die Kinder taste ich natürlich nicht an. Ich bin doch nicht jeck!

---

[1] Vorläufer der »Wachkinder«

WERTSCHÄTZUNG

Wertschätzung – mein aktuelles Lieblingsunwort. Überall geistert es herum, in den merkwürdigsten Verkleidungen: Es wird wertgeschätzt und gewertschätzt. Wahrscheinlich wird auch bald geschätzwertet...

Wertschätzung ist ein Gewohnheitswort.[1] Alle benutzen es, also scheint es allen zu gefallen.

Oder es fällt niemandem mehr auf, was drinsteckt, weil alle es benutzen.

Nun wird eine Sache nicht dadurch besser, dass sie geläufig ist. Man kann sich auch an Blödsinn gewöhnen. Und jeder Konsens birgt die Gefahr, Unterschiede zu verschleiern.

VOM WEIL, WAS UND WARUM

Vorsichtshalber schauen wir mal: Welchen Wert verbirgt das Wort Wertschätzung samt seiner buckligen Verwandtschaft?

Ich nehme an, die meisten von Ihnen verbinden mit dem Begriff: andere Leute ernst nehmen und ihnen mit Achtung begegnen. Sehr löblich. Ich bezweifele nur, dass „Wertschätzung" dies leisten kann. Starten Sie mal einen Selbstversuch: Stellen Sie sich vor den Spiegel und sagen Sie zu sich: „Ich wertschätze dich!" Nun wiederholen Sie das mit dem Satz: „Ich schätze dich!" Vermutlich spüren Sie den Unterschied. Schätzen geht, wertschätzen nicht.

„Schätzen" drückt Anerkennung aus. Allerdings fehlt noch etwas. Nämlich: „Ich schätze dich, weil..." Zum Beispiel, weil du gut kochst. Oder weil du immer so schräge Ideen hast.

Je konkreter eine Rückmeldung, umso wertvoller. Was ich warum schätze, was also für mich einen hohen Wert hat, wird deutlich – und zwar im doppelten Sinne: Ich offenbare, was aus meiner Sicht und in meinem Wertesystem wertvoll ist. Zugleich spiegele ich meinem Gegenüber, wie ich es wahrnehme, was ich erlebt habe, was ich wie interpretiere. Das heißt auch: Wer seine Maßstäbe nicht nennt, wird nicht verstanden, und seine Anerkennung ist nichts wert. Es kommt also darauf an, sich klar zu äußern.

Außerdem: Anerkennung von... und Respekt für... tragen individuelle Züge, sind keine Massenware. Durch Besonderheit, vielleicht sogar durch Einmaligkeit gewinnen sie an Wert für die gemeinte Person.

Du sollst die anderen Kinder wertschätzen!
OK, für den Carlo geb' ich Dir noch 50 ct!

VON STINKSTIEFELN, FALSCHEN FUFFZIGERN UND ANDEREN SCHÄTZCHEN

Wenn es gelänge, an jeder Kollegin, an allen Eltern oder Nachbarn etwas zu entdecken, das es wert ist, geschätzt zu werden – das wäre fein. Einen Versuch ist es allemal wert, denn auf diese Weise ändert sich die Perspektive und folglich die Ausgangslage der Begegnungen.

Es fällt Ihnen schwer, an all diesen Menschen etwas zu finden, das Sie schätzen? Mir auch.

Ich kenne Stinkstiefel und Blödhörner, nach denen ich mich wahrlich nicht verzehre. Mir schwant, dass der Begriff „Wertschätzung“ als eine Art Trostpflaster erfunden wurde, um die mit dieser traurigen Erkenntnis verbundenen Unterschiede zu verschleiern. Jedenfalls wird er undifferenziert allem und jedem aufgeklebt. Gern von falschen Fuffzigern, einer Spezies, die ich gar nicht schätze, besonders nicht als Vorgesetzte: Immer freundlich und Wertschätzung im Munde, aber hintenrum…

VON AUTOS UND KINDERN

Als Ersatz für Anerkennung oder Respekt taugt das Wort Wertschätzung nicht. Und sonst? Was sagt mir das Wort?

Gerade habe ich den derzeitigen Wert meines Autos schätzen lassen. Er ist geringer, als ich gehofft hatte. Dafür gibt es einen Grund: Eine Schramme, mutwillig in die Beifahrerseite geritzt, verringerte den Wert drastisch. Die Reparatur wird teuer. Sehr ärgerlich. Aber immerhin sind die Kriterien dieser Wertschätzung klar und nachvollziehbar. Ähnliches gilt für Schmuck, Gemälde, Wohnungen oder Grundstücke, wenn sie verkauft, beliehen oder versichert werden sollen.

Doch wie funktioniert das bei Menschen? Übertragen wir den Inhalt, wenn wir das Wort benutzen? Ist das Gutwort Wertschätzung immun gegen Schätzwerte, wenn es um Menschen geht? Ich fürchte, über kurz oder lang führt jede Wertschätzung sprachlich und inhaltlich zu einem Schätzwert.

Wer das nicht will, muss auf den Unterschied zwischen „wertschätzen“ und „Wert schätzen“ achten. Dass eines Menschen Wert gemessen werden soll, bereitet sicherlich vielen Kolleginnen Unbehagen, die „Wertschätzung von Kindern“ in ihre Konzepte schreiben.

„Um Gottes Willen“, werden Sie sagen. „Wir schätzen doch nicht den Wert der Kinder ein! Nur ihren Entwicklungsstand, ihre Kompetenzen, das, was sie können…“

Ja, da liegt der Hase im Pfeffer! Kinder werden heute in Kitas regelmäßig eingeschätzt, gezielt und systematisch, vorwiegend vor Entwicklungsgesprächen mit ihren Eltern. Die Bewertung kindlicher Fähigkeiten und Verhaltensweisen findet entlang offizieller Beobachtungsbögen statt, deren

Bewertungsmaßstäbe gern an Kompetenzzielen oder Bildungsbereichen ausgerichtet werden. Das Kind als Produkt: So sollst du sein und werden. Das sollst du können, und so sollst du dich verhalten. Dann bist du uns lieb und teuer. Wenn nicht, werden Reparatur-, äh, Fördermaßnahmen fällig.

Was heißt in diesem Zusammenhang Wertschätzung, wenn nicht Einschätzung des Wertes eines Kindes als mehr oder weniger perfektes Abbild des (Wunsch-)Bilds, das Erwachsene sich von ihm machen? Als „Humankapital", ohne das die Zukunft von Wirtschaft und Gesellschaft düster aussieht?

„Wertschätzung von Kindern" ist eine Aussage, die mit höchst unterschiedlichen Inhalten gefüllt werden kann. Zwischen der Beachtung eines Kindes, seiner Aktivitäten, Beweggründe oder Gefühle und der Einschätzung seiner Entwicklung liegen Welten. Es wäre gut, die Unterschiede aufzudecken und präzise zu benennen, was jeweils gemeint ist, welche Grundorientierungen dahinterstecken und welche Ziele verfolgt werden.

Übrigens: Wie verhält es sich eigentlich mit der „Wertschätzung des Materials"? Sie steht hoch im Kurs, zuweilen höher als die Wertschätzung des Kindes. „Erzieherische" Absichten müssen herhalten, wenn „wertvolles" Material dem Zugriff der Kinder entzogen wird. Lernen durch Verzicht.

Hier zeigt sich nun deutlich, dass nicht einfach weiter undifferenziert „wertgeschätzt" werden kann. Inhaltliche Klärung und begriffliche Präzisierung tun not.

Unterm Strich: Wertschätzung wird versenkt. Allenfalls darf sie auftauchen, wenn klar ist, was im jeweiligen Zusammenhang gemeint ist und wie sie praktiziert werden soll.

---

[1] Der Begriff wanderte aus der therapeutischen Arbeit in die pädagogische Arbeit ein.

ZIELVEREINBARUNGEN

Zielvereinbarungen versenken? Oh, nee! Das ist doch nun wirklich was Feines: sich auf Ziele einigen, Verbindlichkeit sichern, Verabredungen treffen, sie nachvollziehbar und überprüfbar machen. Oder etwa nicht?

Doch, schon. Wenn es sich um echte Vereinbarungen handelt, nach einem ernst zu nehmenden Dialog und aus freiem Willen eingegangen – und nicht um Etikettenschwindel. Der Begriff „Vereinbarung“ kaschiert leider allzu oft, dass es sich in Wahrheit um Anweisungen handelt. „Zielanweisungen“ wäre also zutreffender.

Da sich heutzutage alle Organisationen einen demokratischen Anstrich geben, werden Vorgaben gern verbrämt, wie beim Thema „Partizipation von Kindern“: „Die Regeln haben wir mit den Kindern zusammen entwickelt.“ Oder gar: „Die Kinder haben die Regeln aufgestellt.“ Wie bitte?

WIR HATTEN DOCH VEREINBART...

„Wir wollen hier nicht rennen“ ist nämlich kein Beispiel für demokratisches Leben, sondern für Manipulation. Welches Kind würde eine solche Regel, die sowieso nicht einzuhalten ist, aufstellen? Wird es beim Rennen ertappt, sagt man ihm vorwurfsvoll: „Wir hatten doch vereinbart...“

Genauso ist es mit Vorgaben, die sich Vorgesetzte als Vereinbarungen erst unterschreiben lassen und dann einklagen: „Wir hatten doch vereinbart...“

Meist gehen solche angeblichen Zielvereinbarungen aus Personalgesprächen hervor. Was der Vorgesetzten nicht passt oder was sie wünscht, wird im Protokoll festgehalten. Dann heißt es: „Frau Sowieso, bitte lesen Sie sich das durch und unterschreiben Sie.“

Nur wenige Mitarbeiterinnen trauen sich, diesem Ansinnen zu widerstehen. Weil sie abhängig sind und sich auch so fühlen, unterschreiben sie, auch wenn sie überhaupt nicht einverstanden sind, und legalisieren den Etikettenschwindel. Ihre offizielle Zustimmung – zu welchen Merkwürdigkeiten auch immer – kaschiert das Machtgebaren der Vorgesetzten. Handelt es sich um eine „nette“ Vorgesetzte, passen ihre inhaltlichen Vorstellungen einigermaßen zu denen der Untergebenen, fällt kaum auf, was hier herrscht: Scheindemokratie vom Feinsten.

CHEF

Sobald jedoch ein Wechsel in der Führungsetage eine andere Person nach oben spült, die andere Vorstellungen hat und andere Absichten verfolgt als ihre Vorgängerin, platzt die Blase. Kommen persönliche Animositäten oder Konkurrenzen hinzu, ist Ende mit Friede, Freude, Eierkuchen. Es geht nur noch darum, wer am längeren Hebel sitzt. Und dabei gibt es kein Vertun: Wer oben auf der Leiter hockt, hat recht – egal, wie widersinnig oder überholt seine Forderungen sind.

HANNEMANN, GEH DU VORAN…

Um nicht missverstanden zu werden: Ziele vorzugeben ist das gute Recht jedes Trägers.

Wenn die Entwicklungsrichtung nicht egal ist, geschieht das auch. „Hauptsache, der Laden läuft, und es kommen keine Klagen" ist seit der Qualitätsdebatte in den letzten Jahren out. Gibt es überhaupt noch Träger, die kein Leitbild und keine Leitziele formuliert haben? Ich kenne niemanden.

Bestimmte Begriffe tauchen immer wieder auf: „Bild vom Kind", „Erziehungspartnerschaft" oder eben „Demokratie", „lernende Organisation", „Kultur der Anerkennung". Es wäre aufschlussreich, Trägerleitbilder zu vergleichen und die häufigsten Schlagwörter zu sammeln. Vielleicht mache ich das auf meine alten Tage mal…

Doch zurück zu den Zielvereinbarungen. Selbstverständlich sind Mitarbeiterinnen und Leiterinnen den Zielen des Trägers verpflichtet, für den sie arbeiten. Geht es darum, Ziele im Alltag zu realisieren, Leitbilder mit Leben zu füllen, Qualitätsansprüche konkret zu machen, sind zuerst die Personen auf den oberen Etagen der Trägerorganisationen gefordert, ihre Arbeitweisen und die Wirkung ihres Handelns zu überprüfen. Eine Führungsposition inne zu haben, bedeutet nicht nur, allen Mitarbeiterinnen den Weg zu weisen, sondern selbst mit gutem Beispiel voranzugehen.

Manchmal staune ich, wie viele unfähige Vorgesetzte es trotz aller Qualitätsinitiativen weiterhin gibt, und frage mich, was zuerst da war: Henne oder Ei? Werden vorwiegend Hennen – äh, Menschen mit ausgeprägtem Machtanspruch, Geltungsdrang und Kontrollzwang – in Vorgesetztenpositionen gehievt? Oder verändern sie sich in dieser Rolle? Nicht von ungefähr heißt es: Wenn du den Charakter eines Menschen ergründen willst, gib ihm Macht.

Weil viel davon abhängt, wer die Vorgesetztenposition innehat, wird das Problem gern personifiziert, statt es grundsätzlich anzugehen. Willkür auszuschließen, das gelingt nur, wenn Strukturen entwickelt werden, die Entscheidungskompetenzen und -wege klar definieren und sichern. Zu fragen wäre also: Welche Befugnisse hat eine Kita-Leiterin in Bezug auf Teamfortbildungen? Entscheidet sie nach Beratung mit ihrem Team, welche Themen und

Dozenten passen? Wird ihrer Kompetenz vertraut? Oder entscheiden die Vorgesetzten auf Trägerebene?

Hierüber Klarheit zu haben, ist allemal besser, als hineinzuregieren, wenn alles schon in Sack und Tüten steckt. Das demontiert die Leitung, verunsichert und nimmt den Schwung.

Ein anderes Beispiel:

Entscheiden Team und Leitung über Veränderungen, zum Beispiel Öffnungsschritte und deren Variationen? Oder geben die Vorgesetzten den Takt an?

Wieder ist die Frage: Wird der Kompetenz der Leiterin vertraut? Wird ihr zugetraut, die Prozesse im Auge zu behalten, voranzutreiben, gemeinsam zu reflektieren?

Eine zentrale Frage ist: Gibt es grundsätzlich Vertrauensvorschuss oder wird Mitarbeiterinnen generell mit Misstrauen begegnet? An dieser Frage entscheidet sich, ob Personal- und Teamentwicklung guten Mutterboden finden oder nicht. Die Echtheit von Zielvereinbarungen ist ein Prüfstein guter Personalführung. Eine zweite Frage ist: Welche Entscheidungskompetenzen sind mit der Leitungsposition verbunden? Manche Träger loben ihre Kita-Leiterinnen zwar gern, doch setzen sie nur als Handlanger ein.

Also: Weg mit Zielvereinbarungen, die keine sind, sondern bestenfalls Etappenvereinbarungen, doch meist Arbeitsvorhabenvorgaben.

Echte Zielvereinbarungen möchte ich dagegen gern recyceln oder besser: putzen, denn sie sind ein Schatz, der an Glanz verloren hat.

Vorgesetzte, die es ernst mit Zielvereinbarungen im Interesse von Personalentwicklung meinen, müssen zuallererst dafür sorgen, dass niemand Angst vor ihnen hat. Das klappt nur, wenn sie sich selbst auf den Prüfstand stellen, sich mit Kritik und Erwartungen auseinandersetzen und bereit sind, Zielvereinbarungen abzuschließen, die sich auf die Änderung eigenen Verhaltens und eigener Handlungen beziehen.

Wie oft haben Sie das bei Vorgesetzten erlebt?

ZUM SCHLUSS: PÄDAGOGEN

Eigentlich wollte ich im Leben nie mehr etwas mit Pädagogik zu tun haben.

Meine Schulerfahrungen waren verheerend. Und meine Abneigung gegenüber allem, was mit Pädagogik und Pädagogen zu tun hat, entsprechend herzhaft. »Doch erstens kommt es anders, und zweitens als man denkt« – sagte man früher bei uns.

Es kam anders. Die altbackene Art der Belehrung und Bewertung zu bekämpfen und Alternativen zu entwickeln wurde zu einem Lebensthema, das mich bis heute nicht mehr losgelassen hat.

»SONE UND SOLCHE«

In meinem zweiten Leben – nach einem wunderbaren Ausflug in künstlerische Arbeitsbereiche – gründete ich mit einer Gruppe Gleichgesinnter eine Schule der anderen Art. Mit fächerübergreifendem und Projektunterricht, mit einem Höchstmaß an Selbstbestimmung für die Schülerinnen und Schüler, mit regelmäßiger Beurteilung der Leistungen von Pädagogen und der Konsequenz: Lehrerwahl und -abwahl.

Das war Anfang der siebziger Jahre, die man auch gut »Gründerjahre« nennen könnte, denn es war eine Zeit des Aufbruchs. Damals gab es viele Versuche, die überkommenen Bereiche der institutionellen Bildungsarbeit zu entstauben und neuen Erkenntnissen zum Durchbruch zu verhelfen: Lernen steht nicht im Gegensatz zu Lebensfreude und Leistung nicht im Gegensatz zu eigenem Interesse. Ganz im Gegenteil.

»Lust und Leistung sind Zwillinge«, diesen Satz aus dem Film »Lob des Fehlers« von Reinhard Kahl – der Film stammt, glaube ich, aus den achtziger Jahren – hatten damals schon viele Pädagogen begriffen. Und manche machten sich auf den Weg, Neues auszuprobieren. In Kita und Schule.

Neue Konzepte wurden entworfen und weiterentwickelt, Zusammenarbeit wurde geprobt, die Arbeit reflektiert, und Veränderungsprozesse wurden zur Normalität. In manchen Teams. Andere blieben resistent. Seit damals gibt es »sone und solche«.

Reformschulen entstanden, die stets – und seit PISA wissen es alle – nachgewiesen haben, dass es stimmt: Erfolgreiches Lernen braucht vor allem eine andere Lernkultur, eine Kultur, in der Neugier, Lernfreude

Du kannst ja nicht mal schreiben!
Und Du kannst ja nicht mal Pädagogik!

und Engagement gedeihen, eine Kultur von Offenheit und Respekt, Aufmerksamkeit und Differenzierung. Eine lernfreudige Kultur ist abhängig vom Willen und der Fähigkeit der Pädagogen. Dort, wo Kolleginnen und Kollegen sich auf den Weg machen, selbst gegen dominante gesellschaftliche Strömungen eine solche Kultur zu gestalten und zu leben, hat die ursprüngliche Lust am Lernen und am Entdecken der Welt eine viel größere Chance, zu überleben. Auf allen Seiten.

Diese Erfahrung bestätigte sich in den letzten zwanzig Jahren, in meinem dritten beruflichen Leben, immer wieder. Ich arbeitete überwiegend im Bereich der vorschulischen Bildung und beobachtete, wie sehr die Lebens- und Arbeitssituationen in den Kindergärten sich unterscheiden – bei weitgehend gleichen Rahmenbedingungen.

EINE GALEERE VOLLER GEISTER UND WIEDERGÄNGER

Damit bin ich wieder beim Ausgangspunkt: Pädagogen versenken.

Ich muss zugeben, dass meine Abneigung gegen den Begriff »Pädagogen« mit meinen ureigensten Assoziationen zu tun hat: Pädagogen als Besserwisser und Rechthaber, als Bewerter und Verurteiler, als Fehlerverfolger und Niedermacher. Ohne den Hauch eines Zweifels an ihrer Überlegenheit und voller Überzeugung, zu wissen, was gut und richtig ist. Pädagogen, die lebenslang am längeren Hebel sitzen, die ihre Macht hemmungslos missbrauchen, Kinder und Jugendliche demütigen, Eltern kuschen lassen – und selbst als wandernde Senioren auf Gomera noch unschwer zu identifizieren sind.

Menschen, die von Berufs wegen andere belehren und selbst nichts mehr lernen wollen; die ihre Schutzbefohlenen jahraus, jahrein mit demselben »Stoff« langweilen und deren Zeit vergeuden; die erwarten, dass die »richtigen« Antworten gegeben werden und keine anderen gelten lassen; die unangefochten und ungesehen hinter ihren Klassen- oder Gruppentüren schalten und walten nach Gutsherrenart. Pädagogen mit eingebautem erhobenen Zeigefinger und Defizitbrille; die Fehler mit der »roten Tinte der Inquisition« verfolgen – wieder so ein treffendes Bild aus »Lob des Fehlers«. Humorlose, graue Gestalten, die jahraus, jahrein an grauen Tafeln das Gleiche verkünden und deren Leben dabei auch ganz grau wird; die vom Burn-out gebeutelt werden und einem eigentlich leid tun könnten, wenn... Ja, wenn sie nicht selbst die Verantwortung dafür tragen würden, dass Lernen so unerfreuliche Formen annimmt. Mein Mitleid hält sich in Grenzen, wenn ich sehe, wie die Würde von Schülern missachtet wird, wie diese Pädagogen Kinder vorführen und beschämen, stigmatisieren und aussondern; wie sie für alles eine Schublade oder einen Schuldigen parat haben – nur nicht die eigenen Haltungen überprüfen oder ihre Methoden in Frage

stellen. Lehrerinnen und Lehrer, die unverdrossen erwarten, dass die Kinder schulfähig gemacht werden, statt sich darum zu kümmern, was »Kinderfähigkeit« für (Grund-)Schule unter heutigen Bedingungen bedeutet. Erzieherinnen und Erzieher, die in vorauseilendem Gehorsam darauf einsteigen und den unseligen Kreislauf weiter stabilisieren. Tanten und Onkels, die Lehrererwartungen nach so ungeheuer zukunftsträchtigen Schlüsselkompetenzen wie »Schnürsenkel binden« oder »Stift und Schere halten« unbedingt erfüllen wollen, weil: sonst lernen die Kinder das nicht, die Kinder darum im letzten Jahr vor der Schule »rausziehen« und darauf trainieren, still zu sitzen, Anweisungen zu folgen und sich zu konzentrieren – egal, wie langweilig das Angebot ist. Leute also, die Kindern klarmachen wollen: Jetzt ist Schluss mit lustig!

»Der Ernst des Lebens« und das Drama der bundesdeutschen Mehrgliedrigkeit wirft lange Schatten voraus. Die alte Schule lebt – und überlebt mit vereinten Kräften. Aussonderung hat System.

Oh ja, mir fallen jede Menge Scheußlichkeiten ein, erlebte und solche, die auch heute noch, Jahrzehnte nach unserem damaligen Aufbruch, ungestraft passieren können, weil das kollektive Denken dies begünstigt: Wer nicht pariert oder wer nicht ins Raster passt, fliegt raus.

Diese alltäglichen Scheußlichkeiten lösen den Impuls in mir aus, die ganze Pädagogenmischpoke auf ein Geisterschiff zu sperren, weit aufs Meer hinaus zu scheuchen und sie dort endgültig zu versenken. Eine Reise ohne Wiederkehr. Damit wenigstens meine Enkel nicht mehr damit rechnen müssen, ihnen oder ihren Wiedergängern zu begegnen.

EINE SEGELYACHT VOLLER SCHATZSUCHER UND LEBENSKÜNSTLER

Aber es fallen mir auch andere Pädagogen ein: solche, die sich selbst als Lernende verstehen, die sich der Kritik stellen und Rückmeldungen suchen; denen es nicht nur

darauf ankommt, verstanden zu werden, sondern vor allem zu verstehen; die sich in die Perspektive ihres Gegenübers einfühlen und unterschiedliche Sichtweisen zulassen; die sich zurücknehmen und ihre Wichtigkeit nicht überschätzen; denen die Lebensfreude der Kinder und Jugendlichen wichtiger ist als ihre Disziplin; die sich in einen echten Dialog begeben und zuhören können, die sehen, was Kinder leisten und können wollen; die ihre Gefühle ernst nehmen und Kindern die Deutungshoheit über das, was ihnen im Leben wichtig ist, zurückgeben. Pädagogen, die unterscheiden und Position beziehen, die klar sind und zugleich neugierig und offen für neue Ideen, die Freude an ihrer Arbeit haben und Lebensfreude verbreiten; die nicht immer nur auf ein unbestimmtes Morgen »vorbereiten«, sondern sich um die Gegenwart bemühen. Pädagogen, die fachlich auf der Höhe der Zeit sind und wissen, dass Bildung immer etwas Eigenes ist, also nicht »gemacht« werden kann; die wissen, dass Bildung mit der Geburt beginnt und nicht erst in der »Vorschule«; die wissen, dass Bildungsprozesse immer und überall stattfinden und nicht nur zu bestimmten »pädagogischen« Zeiten. Pädagogen, die ihre Rolle so definieren: als Verantwortliche für die Gestaltung einer anregenden und herausfordernden Lebensumwelt; die ihren Auftrag zum »Beibringen« so verstehen: Lieferanten von »Hirnfutter« für bildungshungrige Kinder in Kita und Schule zu sein.

Solche Pädagogen möchte ich natürlich nicht versenken, sondern alle zusammen auf eine große Segelyacht einladen, mit der wir gemeinsam zu neuen Ufern aufbrechen. Denn einzeln rudert es sich schwer an gegen die grauen Wellen der Bequemlichkeit, Angst und Resignation. In einem Boot und mit vereinten Kräften kommen wir besser voran.

Wenn man's recht bedenkt, sind Visionäre und pädagogische Traumtänzer seit zweihundert Jahren unterwegs – auf internationalen Gewässern, mit mehr oder weniger Rückenwind und durchaus nicht in jedem Hafen dieser Welt willkommen. Viele unserer Vordenker sind lange unter der Erde oder schauen von oben kopfschüttelnd auf uns herab. Wahrscheinlich fragen sie sich: Warum dauert es so lange, bis Erkenntnisse und gute Erfahrungen sich verbreiten?

DIE REISE BEGINNT IM EIGENEN KOPF

In meinem Kopf sitzt das Bild vom »grauschwarzen Pädagogen«, der »am Kind arbeitet«. Deshalb laufe ich Gefahr, der Verengung des Begriffs »Pädagogik« und damit dem Elend dieser Verengung Vorschub zu leisten. Dabei ist Pädagogik viel weiter zu fassen. Als Erziehungswissenschaft geht sie den Fragen nach, wie Kinder in die Gesellschaft hineinwachsen und welche Verantwortung wir Erwachsene dafür tragen. Beim Nachdenken über diese Fragen sind viele Reformideen entstanden, auf die wir uns heute beziehen.

Ganz klar: Die Pädagogik als gesellschaftskritische Wissenschaft gehört aufs Traumschiff. Der Geist der Reformer reist sowieso immer mit. Und manch ein Visionär oder Ideengeber ist quicklebendig auf großer Fahrt dabei. Geben wir also besser zwei, drei Schiffe in Auftrag. Vielleicht wird eine ganze Armada daraus. Eine Flotte pädagogischer Traumschiffe für Schatzsucher und Lebenskünstler, Optimisten und Kämpfer, Menschen, die sich ihr inneres Kind und ihre Fantasie erhalten haben und die gemeinsam mit anderen noch etwas bewegen wollen. Das ist es.

Wer kommt mit? Vor der Abreise noch ein Blick zurück, und zwar von Bert Brecht: »Während meines neunjährigen Eingewecktseins in einem Augsburger Realgymnasium ist es mir nicht gelungen, meine Lehrer wesentlich zu fördern.«

GERLINDE LILL

Grafikerin, Politologin, promovierte Pädagogin, freie Bildungsreferentin und Autorin, lebt in Berlin.

Natascha Welz, Erfinderin von Superuschi, einer Erzieherin in der Kita Glühwürmchen auf einem kleinen Planeten am Ende des Sonnensystems. Natascha, alias Tasche, zeichnet regelmäßig für **wamiki** – Das pädagogische Fachmagazin und die **wamiki**-Ausstellung: Pädagogien.

Mehr auf: www.wamiki.de

WARNHINWEIS

Aber Obacht!
Wir wissen nicht genau,
was auf dem Grund der
Ozeane vor sich geht!
Was wird aus all den
versenkten Begriffen?
Steigen sie eines Tages wieder hoch?